Giacomo Puccini
Madame Butterfly

AF204407

Kaum hatte Puccini im Jahre 1900 die Arbeit an der *Tosca* zu Ende gebracht und deren erste Vorstellungen miterlebt, als in London bei einem Theaterbesuch ein möglicher neuer Opernstoff seine Aufmerksamkeit erregte: gegeben wurde das Bühnenstück *Madame Butterfly. Tragödie einer Japanerin.* Anfang des Jahres 1904 war die Vertonung dieses Sujets abgeschlossen – das Werk fiel bei der Uraufführung durch. Puccini gestaltete es daraufhin zu einem Dreiakter um, und in dieser Form trat die Oper von der unglücklichen Japanerin Cio-cio-san, genannt Butterfly, ihren Siegeszug an.

Giacomo Puccini

Madame Butterfly

Textbuch (Italienisch – Deutsch)
Einführung und Kommentar
von Kurt Pahlen
unter Mitarbeit von Rosmarie König

SCHOTT

Bibliografische Information der Deutschen Nationalbibliothek
Die Deutsche Nationalbibliothek verzeichnet diese Publikation in der Deutschen
Nationalbibliografie; detaillierte bibliografische Daten sind im Internet über
http://dnb.d-nb.de abrufbar.

Libretto: Originaltext von Giuseppe Giacosa und Luigi Illica, nach einer Erzählung
von John Luther Long und deren theatermäßiger Gestaltung von David Belasco
Neue deutsche Übersetzung: Hans Hartleb

Abbildungen wurden zur Verfügung gestellt von Franktour – weltweite Reisen,
Kronberg/Taunus (S. 250), vom Archiv Ricordi, Mailand (S. 191) und von
Sabine Toepffer, München (S. 193, 194/195, 196, 198, 199, 201, 204, 206, 207,
208/209, 260).
Die übrigen Abbildungen stammen aus dem Archiv von Kurt Pahlen.

Serie Musik

Bestellnummer SEM 8013
ISBN 978-3-254-08013-4
Originalausgabe Oktober 1984
© 2001, 2010 Schott Music GmbH & Co. KG, Mainz

www.schott-music.com
www.schott-buch.de

Printed in Germany · BSS 46582

Inhalt

Giacomo Puccini (1858–1924)

Zur Aufführung

TITEL

»Madame Butterfly«
(im italienischen Original:»Madama Butterfly«)

BEZEICHNUNG
Japanische Tragödie oder
Tragödie einer Japanerin in drei Akten.
Text von Luigi Illica und Giuseppe Giacosa, nach einer Erzählung von John Luther Long und deren theatermäßiger Gestaltung von David Belasco.

Neue deutsche Übersetzung von Hans Hartleb

Musik: Giacomo Puccini.
Uraufführung: Mailand, 17. Februar 1904, Teatro alla Scala.

PERSONENVERZEICHNIS
Cio-cio-san (Tscho-tscho-san),
   genannt»Butterfly«. . . . . Sopran
Suzuki, ihre Dienerin . . . . Mezzosopran
F. B. Pinkerton
   (deutsch zumeist Linkerton),
   Marineoffizier der Vereinigten
   Staaten von Nordamerika . . . . Tenor
Kate,
   seine amerikanische Gattin . . . . Mezzosopran
Sharpless, Konsul
   der USA in Nagasaki . . . . Bariton
Nakodo Goro, Heiratsvermittler . . . . . . Tenor
Yamadori, japanischer Fürst . . . . Tenor
Onkel Bonze, Priester
   (wahrscheinlich des Buddhismus) . . . . . . Baß
Ein Onkel Butterflys (Yakusidé), ein kaiserlicher Kommissar, ein Standesbeamter, die Mutter Butterflys, die Tante, eine

Kusine. Das Kind Pinkertons und Butterflys (möglichst »stumme Rolle«), Chor: Verwandte, Freundinnen Butterflys, Diener.

SCHAUPLATZ UND ZEIT
Die japanische Hafenstadt Nagasaki, um das Jahr 1900.

ORCHESTERBESETZUNG
3 Flöten (davon eine auch Piccolo); 3 Oboen (davon eine auch Englischhorn); 3 Klarinetten (davon eine auch Baßklarinette); 2 Fagotte; 4 Hörner; 3 Trompeten; 3 Posaunen; Baßtuba; Pauken, große Trommel, Becken, Triangel, kleine Trommel, Glocken, Glockenspiel, Tam-Tam, Vogelpfeife; Harfe; Streicher wie üblich. Dazu Bühnenmusik: eine Bratsche (oder, wenn vorhanden, eine Viola d'amore), ein Tam-Tam, ein japanisches Glockenspiel, eine Glocke (japanische Gebetsglocke).

BILDERFOLGE, AUFFÜHRUNGSDAUER
1. Akt: Auf einem Hügel bei Nagasaki,
vor einem Landhaus . . . . etwa 50 Minuten
2. Akt: Dieselbe Szenerie oder Inneres
des gleichen Hauses . . . . etwa 45 Minuten
3. Akt: Dieselbe Szenerie . . . . etwa 30 Minuten

Textbuch
(Italienisch – Deutsch)
mit Erläuterungen
zu Musik und Handlung

Puccini, der in seinen beiden vorangegangenen Werken (»La Bohème« und »Tosca«) auf jede Art orchestraler Einleitung verzichtet hatte, gestaltet hier eine Art kleiner Ouvertüre, die einige Rätsel aufgibt. Einmal, weil es eine Fuge ist, also eine »alte Form«, die mit dem Thema in keinem Zusammenhang zu stehen scheint; zum andern, weil dieses Vorspiel keinen musikalischen Hinweis auf Japan enthält, wie man eigentlich vermuten könnte, zumal im Verlauf der Oper eine Reihe japanischer Themen am Hörer vorbeiziehen wird. Das Fugenthema wird, wie bei dieser Musikform üblich, einstimmig eingeführt; es zeigt auch, ebenfalls völlig schulgemäß, einen achttaktigen Bau. Die Violinen spielen es im Fortissimo –, »vigoroso«, wie Puccini vermerkt, also »kraftvoll«:

(1)

Beim zweiten Einsatz treten die Bratschen hinzu und führen nun gemeinsam mit den zweiten Geigen das Thema aus; wiederum geschieht etwas auffallend »Konservatives«: Der zweite Einsatz steht in der Quinte – der fünften Stufe – des ersten, auf G also, da der erste mit dem Ton C einsetzte. Die ersten Geigen vollführen hier, genau wie vorgeschrieben, eine kontrastreiche Gegenstimme, einen »Kontrapunkt«.
Wiederum genau nach 8 Takten setzt, nun abermals in der Anfangstonart, also auf C, die »dritte Stimme« ein; die Bratschen lösen sich dazu von der zweiten Geige – die selbständig weitergeführt wird – und vereinigen sich mit den Celli und den Fagotten. Nach abermals 8 Takten erfolgt der vierte, letzte Fugeneinsatz, er ist, genau wie die Regeln dies vorschreiben, dem zweiten analog, steht also auf G und ersetzt die Fagotte durch die Kontrabässe. Bei allen Einsätzen außer dem ersten hat Puccini das Wort »ruvidamente« verwendet, das »rauh«, »heftig«, fast »gewalttätig« bedeutet.
Der Orchesterklang befindet sich in einem dauernden Crescendo.

ERSTER AKT
Berghang bei Nagasaki
Ein japanisches Haus mit Terras-
se und Garten. Im Hintergrund
Blick auf Stadt und Hafen Naga-
saki.

ATTO PRIMO
Collina presso Nagasaki
Casa giapponese, terrazzo e giar-
dino. In fondo, al basso, la rada,
il porto, la città di Nagasaki.

*Nun hält die Fugenbewegung inne und macht einem sehr rhyth-
mischen Thema Platz, das sein Tempo beschleunigt und schließlich unter ständiger Steigerung das Vorspiel beendet und den
Blick auf die Bühne freigibt.*
Was Puccini mit dieser Ouvertüre ausdrücken wollte, kann
allenfalls erraten werden. Er könnte damit das turbulente
Geschehen des Hochzeitsfestes vorausnehmen, das den Inhalt
des ersten Aktes bilden wird: das geschäftige Getue des Heiratsvermittlers Goro, die Aufregung der Braut, das Geschwätz ihrer
Verwandten. Vor allem auch den Zusammenstoß zweier Welten,
den Fluch des Priesters gegen die ihrer Religion untreu gewordene Butterfly, die schweren Probleme, die diese anscheinend
heitere, ein wenig lächerliche Zeremonie mit sich bringen
wird ...
In die erste Szene mischen sich Reminiszenzen aus dem Vorspiel.
Puccini weiß eine meisterhafte »Konversationsmusik« zu schreiben, die die Stimmung erhält und den Sängern die Möglichkeit
gibt, ohne Anstrengung deutlich zu bleiben. So geht die Erklärung Goros, der die Vorzüge des Hauses schildert, leicht und
beschwingt über die Bühne, ebenso die Vorstellung der dienstba-
ren Geister, des Dieners, des Kochs und der Zofe Suzuki.

*(Goro führt unter immer wieder-
holten Verbeugungen Linkerton
durch das hintere Zimmer des
Hauses herein. Unterwürfig zeigt
er ihm alle Details der Einrich-
tung. Dann verschließt er eine
Wand im Hintergrunde und erklärt Linkerton den Zweck dieses
Mechanismus.)*
(Sie treten auf die Terrasse.)

*Linkerton (wendet sich, über-
raschtvon dem Gesehenen, an
Goro):* Diese Wände und
Decken ...
*Goro (erfreut über das Staunen
Linkertons):*
Sie sind alle beweglich,
und ganz so, wie Sie möchten,
können Sie sie verschieben.
Je nach Laune
verändern Sie die Wohnung.
*Linkerton (blickt suchend um-
her):* Und unser Liebesnest,
wo ist's?
Goro (weist auf zwei Räume):
Hier! Dort! Nach Wunsche ...

*(Dalla camera in fondo alla caset-
ta, Goro con molti inchini intro-
duce Pinkerton, al quale con
grande prosopopea, ma sempre
ossequente fa ammirare in detta-
glio la piccola casa. Goro fa scorrere una parete nel fondo, e ne
spiega lo scopo a Pinkerton.)*
*(Si avanzano un poco sul ter-
razzo.)*
*Pinkerton (sorpreso per quanto
ha visto, dice a Goro):* E soffit-
to ... e pareti ...

*Goro (godendo delle sorprese di
Pinkerton):*
Vanno e vengono a prova
a norma che vi giova
nello stesso locale
alternar nuovi aspetti ai con-
sueti.
Pinkerton (cercando intorno):
Il nido nuzial dov'è?

Goro (accenna a due locali): Qui,
o là ... secondo ...

13

Linkerton: Ich find es wirklich
reizend!
Die Halle?
Goro (weist auf die Terrasse):
Bitte!
Linkerton (verblüfft): Hier im
Freien?
*Goro (bewegt die Wände hin und
her):* Man kann ja
schließen ...
*Linkerton (während Goro die
Wände hin- und herschiebt):*
Verstehe! Verstehe!
Man schiebt sie ...
Goro: ... hin und her!
Linkerton: Scheint mir nicht sehr
solid gebaut ...
Goro (protestiert):
O, so ein Haus steht ewig,
es hält ein ganzes Leben.
(bittet Linkerton in den Garten)

Linkerton: Wenn der Wind es
nicht fortbläst.
*(Goro klatscht dreimal in die
Hände. Suzuki und zwei Diener
kommen herbei und werfen sich
demütig und feierlich vor Linkerton auf die Knie.)*
*Goro (mit näselnder Stimme, vor-
stellend):*
Sehn Sie hier Ihre Zofe
(ein wenig affektiert)
Sie leitet Ihren Haushalt
und bedient Ihre Gattin.
Der Diener ... und hier der
Koch,
ganz verwirrt von der großen
Ehre.

Pinkerton: Anch'esso a doppio
fondo!
La sala?
Goro (mostra la terrazza):
Ecco!
Pinkerton (stupito): All'aperto?

*Goro (fa scorrere la parete verso
la terrazza):* Un fianco
scorre ...
*Pinkerton (mentre Goro fa scor-
rere le pareti):*
Capisco! capisco!
Un altro ...
Goro: Scivola!
Pinkerton: E la dimora frivola ...

Goro (protestando):
Salda come una torre
da terra, fino al tetto.
*(Invita Pinkerton a scendere in
giardino)*
Pinkerton: È una casa a soffietto.

*(Goro batte tre volte le mani pal-
ma a palma. Entrano due uomini
ed una donna che umilmente e
lenti si genuflettono sulla terrazza
innanzi a Pinkerton.)*
*Goro (con voce un po' nasale,
accenando):*
Questa è la cameriera
(lezioso)
che della vostra sposa
fu già serva amorosa.
Il cuoco ... il servitor.
Son confusi del grande onore.

Immer wieder wird das Fugenthema (Nr. 1) angedeutet und erfährt kunstvolle Abwandlungen. Suzukis Worte verursachen eine etwas größere melodische Konzentration, ohne allzuviel Gewicht zu erlangen.

Linkerton (ungeduldig): Die
Namen?
*Goro (auf Suzuki weisend,
schwülstig):*
Miß »Zarter Wolkenschleier«.
(deutet auf einen der Diener)
»Strahlende Morgensonne«.
(deutet auf den anderen, mit komischer Liebenswürdigkeit)
»Duftender Balsam«.
Suzuki (noch kniend, doch neugierig auf Linkerton blickend):
Sie lächeln, mein Gebieter?
Wie machen Sie mich glücklich.
Okusama, der Weise,
behauptet, das Lachen
töte den Kummer.
*(folgt dem lächelnden Linkerton
in den Garten)*

Dem, der ein reines Herz hat,
öffnen sich die Wege zum Paradiese.
Die Götter lieben alle,
die fröhlich sind und heiter.
Okusama, der Weise,
behauptet, das Lachen
töte den Kummer.
*(Linkerton ist zerstreut und fühlt
sich belästigt. Goro bemerkt, daß
Linkerton nichts mehr hören mag
und klatscht dreimal in die Hände. Die drei eilen ins Haus zurück.)*
Linkerton: Sie schwatzen gar zu
gern,
die Weiber aller Zonen.
*(zu Goro, der im Hintergrund
Ausschau hält)*
Was gibt es?

Pinkerton (impaziente): I nomi?

Goro (indicando Suzuki, caricato):
Miss Nuvola leggiera.
(indicando un servo)
Raggio di sol nascente.
(indicando l'altro servo, comicamente gentile)
Esala aromi.
*Suzuki (sempre in ginocchio, ma
fatta ardita rialza la testa):*
Sorride Vostro Onore?
Il riso è frutto e fiore.
Disse il savio Ocunama:
dei crucci la trama
smaglia il sorriso.
*(Scende nel giardino, seguendo
Pinkerton che si allontana sorridendo)*
Schiude alla perla il guscio,
apre all'uomo l'uscio
del Paradiso.
Profumo degli Dei . . .
Fontana della vita . . .
Disse il savio Ocunama:
dei crucci la trama
smaglia il sorriso.
*(Pinkerton è distratto e seccato.
Goro accorgendosi che Pinkerton
comincia ad essere infastidito dalla loquela di Suzuki batte tre volte
le mani. I tre si alzano e fuggono
rapidamente rientrando in casa.)*
Pinkerton: A chiacchiere costei
mi par cosmopolita.

(a Goro che è andato verso il fondo ad osservare)
Che guardi?

Die Aufzählung der Gäste läßt ein Motiv hervortreten, das schon einmal andeutungsweise hörbar war, nun aber eine Zeitlang beherrschend wird:

(2)

Der geschwätzige Goro hat die Verwandten aufgezählt, die zur Feier erwartet werden. Ein neues musikalisches Motiv setzt sich im Orchester durch, in den hohen Holzbläsern und den Pizzicati der Streicher bekommt es – vor allem durch seine Fünftönigkeit – einen orientalischen Charakter:

(3)

Goro: Ich will sehen, ob die Braut kommt.

Linkerton: Alles fertig?

Goro: Selbstverständlich.

Linkerton: Sie denken auch an alles!

Goro (dankt mit tiefer Verbeugung):
Alles kommt:
unser Standesamtsverwalter,
die Verwandten, sogar Ihr Konsul kommt,
die Braut natürlich ...
Schnell wird unterschrieben,
perfekt ist dann die Ehe.

Linkerton: Sind es viele Verwandte?

Goro:
Die Großmama, die Mutter und der Onkel,
ein Priester, der sich sicher hier nicht sehn läßt.
Dann die Vettern und Kusinen,
Verwandte aller Grade.
Ich glaub, daß rund zwei Dutzend
zur Hochzeit kommen.
Aber die Zahl wird wachsen,
und dafür sorgen sicher
(mit unterwürfiger Anspielung)
Sie, Herr Leutnant,
und Fräulein Butterfly.

Linkerton: Sie denken auch an alles!

(Goro dankt mit tiefer Verbeugung.)

Goro: Se non giunge ancor la sposa.

Pinkerton: Tutto è pronto?

Goro: Ogni cosa.

Pinkerton: Gran perla di sensale!

Goro (ringrazia con profondo inchino):
Qui verran:
l'Ufficiale
del registro,
i parenti, il vostro Console,
la fidanzata.
Qui si firma l'atto
e il matrimonio è fatto.

Pinkerton: E son molti i parenti?

Goro:
La suocera, la nonna, lo zio Bonzo
che non ci degnerà di sua presenza
e cugini, e le cugine ...
Mettiam fra gli ascendenti ...
ed i collaterali, un due dozzine.
Quanto alla díscendenza ...
provvederanno assai

(con malizia ossequente)
Vostra Grazia e la bella Butterfly.

Pinkerton: Gran perla di sensale!

(Goro ringrazia con un profondo inchino.)

19

*Mit der Stimme des nahenden Konsuls Sharpless kommt ein
anderes Motiv ins Spiel, es klingt »westlicher«:*

(4)

*Puccinis große Kunst in diesem Akt besteht wohl darin, »Exotisches« mit seinem üblichen italienischen Stil zu mischen, so daß
eine neue Einheit entsteht. Jedes Werk Puccinis zeigt gewissermaßen spezifische Eigenheiten, wenn auch der Stil des Komponisten in jedem unverkennbar bleibt. Das japanische Milieu
bietet ihm Raum zu einer »fernöstlichen« Musik, die aber völlig
in seine persönliche Eigenart integriert erscheint. Puccini verwendet selbstverständlich, so wie ungezählte Komponisten dies
beim Schildern asiatischer Landschaft und Charaktere getan
haben, die wichtigste Eigentümlichkeit dieser Musik: die Pentatonik oder Fünftönigkeit. Dieses Tonsystem (das übrigens
nicht nur in Ostasien verwendet wird, sondern an mehreren
anderen Stellen der Erde ebenfalls) kennt keine »Halbtöne« (aus
denen die westliche Musik zusammengesetzt ist); wollte man ihre
Grundtonart in unsere Notenwerte übersetzen, so käme man
annäherungsweise auf die Tonfolge C–D–E–G–A.*

Sharpless *(hinter der Szene, ziemlich nah):*
Der Weg ist ja fürchterlich!
Und diese Hitze heut!
Goro (kommt und meldet Linkerton):
Dort kommt der Konsul.
(verbeugt sich tief vor dem Konsul)
Sharpless (erscheint außer Atem):
Ah! Wie steil das ist!
Bin außer Atem!
Linkerton (geht dem Konsul entgegen und schüttelt ihm die Hand): Herzlich willkommen!
Goro (zum Konsul): Herzlich willkommen!
Sharpless: Uff!
Linkerton: Lieber Goro,
wir sind sehr durstig.
(Goro eilt ins Haus.)
Sharpless (blickt angestrengt atmend umher): Hoch ist's . . .
Linkerton (weist auf die Aussicht):
Doch herrlich!
Sharpless (betrachtet die Aussicht):
Nagasaki, die Berge, der Hafen . . .
Linkerton (zeigt auf das Haus):
Und dieses Häuschen,
wie ein zierliches Spielzeug.
(Goro eilt aus dem Haus, hinter ihm zwei Diener, die Flaschen und Gläser bringen; dann ziehen sie sich ins Haus zurück, und Goro bereitet den Drink.)

Sharpless: Ihres?

Sharpless *(dall'interno, un po' lontano):*
E suda e arrampica!
sbuffa, inciampica!
Goro (ch'è accorso al fondo, annuncia a Pinkerton):
Il Consol sale.
(si prosterna innanzi al Console)
Sharpless (entra sbuffando):
Ah! quei ciottoli
m'hanno sfiaccato!
Pinkerton (va incontro al Console: i due si stringono la mano):
Bene arrivato.
Goro (al Console): Bene arrivato.
Sharpless: Ouff!
Pinkerton: Presto, Goro
qualche ristoro.
(Goro entra in casa frettoloso.)
Sharpless (sbuffando e guardando intorno): Alto.
Pinkerton (indicando il panorama):
Ma bello!
Sharpless (contemplando la città e il mare sottoposti):
Nagasaki, il mare, il porto . . .

Pinkerton (accenna alla casa):
E una casetta
che obbedisce a bacchetta.
(Goro viene frettoloso dalla casa, seguito dai due servi: portano bicchieri e bottiglie che depongono sulla terrazza; i due servi rientrano in casa e Goro si dà a preparare le bevande.)

Sharpless: Vostra?

Erst hier – nach ziemlich ausgiebiger »Konversationsmusik« auf Grund der bisher aufgetauchten Themen, vor allem dem der Fuge (Nr. 1) – findet die Musik sich zu einer ausgeprägten Melodie. Puccini läßt einige Takte aus der nordamerikanischen Hymne ertönen:

(5)

Er setzt sie mit einer eigenen Melodiebildung fort, die ausdrucksvoll, sogar ein wenig stolz, im Gehör haften bleibt:

(Fortsetzung des Notenbeispiels S. 24)

22

Linkerton: Ich hab's gekauft
  für ganze neunhundertneunundneunzig Jahre,
  doch den Vertrag kann ich
  lösen,
  wann es mir grade einfällt.
  Hier ist alles beweglich,
  der Kaufvertrag genauso
  wie die Häuser.
Sharpless: Wenn man sich aus-
  kennt, profitiert man.
Linkerton: Sicher.
*(Linkerton und Sharpless neh-
men an dem Tische Platz, wo Goro den Drink serviert hat.)*

Pinkerton: La comperai
  per novecentonovantanove
  anni,
  con facoltà, ogni mese,
  di rescindere i patti.
  Sono in questo paese
  elastici del par, case e con-
  tratti.
Sharpless: E l'uomo esperto ne
  profitta.
Pinkerton: Certo.
*(Pinkerton e Sharpless si siedono
sulla terrazza dove Goro ha preparato le bevande.)*

Linkerton (sehr spontan):
  Die ganze Erde gehört dem
  Mann,
  der Mut hat.
  Man darf nicht ängstlich sein,
  muß etwas wagen.
  Man findet überall
  schon seinen Vorteil ...

Pinkerton (con franchezza):
  Dovunque al mondo lo Yan-
  kee vagabondo
  si gode e traffica
  sprezzando i rischi.
  Affonda l'àncora alla ventura.

23

(6)

*Die Stimmen der beiden Männer – Pinkerton und Sharpless –
steigern sich in immer schwungvollere Melodik hinein.*

(unterbricht sich und bietet Sharpless zu trinken an)
Sie nehmen Whisky?
(fortfahrend)
Man findet überall
schon seinen Vorteil.
Freilich kann's auch geschehn,
daß eines Tags das Meer
das Schiff hinabreißt.
Das Leben wär nicht reizvoll,
wenn uns nicht überall
das Abenteuer lockte . . .
Sharpless: Welch ein jugendlicher Leichtsinn!
Linkerton (fährt fort):
. . . und ein zärtliches
Glück . . .
Sharpless:
O jugendlicher Leichtsinn!
Sie spielen mit dem Schicksal,
mögen Sie es nie bereun!
Linkerton:
Ich will genießen,
solang ich noch jung bin:
nach meinem Willen
bau ich mir mein Leben.
Und nun verheirat ich mich auf
japanisch
für ganze neunhundertneunundneunzig Jahre.
Wenn's genug ist,
lasse ich mich scheiden.

(Pinkerton s'interrompe per offrire da bere a Sharpless)
Milk, Punch, o Wisky?
(riprendendo)
Affonda l'àncora alla ventura
finchè una raffica
scompigli nave e ormeggi, alberatura.
La vita ei non appaga
se non fa suo tesor
i fiori d'ogni plaga,

Sharpless: È un facile vangelo . . .

Pinkerton (continuando):
d'ogni bella gli amor.

Sharpless:
È un facile vangelo
che fa la vita vaga
ma che intristisce il cor.
Pinkerton:
Vinto si tuffa, la sorte racciuffa.
Il suo talento
fa in ogni dove.
Così mi sposo all'uso giapponese
per novecentonovantanove
anni. Salvo a prosciogliermi
ogni mese.

Beim nochmaligen Erklingen der Takte aus der Hymne erreicht die Szene ihren Höhepunkt.

Goro mischt sich ins Gespräch, und damit erhält die Musik wieder ihren »japanischen« Beiklang (Nr. 3 ohne Tonwiederholungen). Dann untermalt sie die verliebte Unruhe, mit der Pinkerton seine Braut erwartet (Nr. 1).

Auf des Konsuls erstaunte Frage holt er zu einer Ariette aus, die jugendlich, frisch und sorglos klingt:

(Notenbeispiel S. 28)

Sharpless: O jugendlicher Leichtsinn!
Linkerton (erhebt sich und stößt mit Sharpless an):
America for ever!
Sharpless: America for ever!
(*Beide setzen sich wieder.*)

Ist sie wirklich so reizend?
Goro (der gelauscht hat, nähert sich beflissen):

Viel mehr als reizend,
sie ist bezaubernd
wie ein Stern
mit goldenen Strahlen.
Und so billig:
nur hundert Yen!
(*zum Konsul*)
Auch Sie, Herr Konsul,
finden sicher bei mir
noch etwas Hübsches.
(*Der Konsul wehrt lachend ab und erhebt sich.*)
Linkerton (steht ungeduldig auf):
Fort, wir wollen die Braut sehn!
(*Goro eilt den Hügel hinab und verschwindet.*)
Sharpless: Welch ein Fieber erfaßt Sie!
So jung nur
kann man so verliebt sein!
Linkerton: Verliebt? Nun ja!
Vielleicht ist es diesmal etwas ernster.

Sharpless: È un facile vangelo.

Pinkerton (si alza, toccando il bicchiere con Sharpless):
America for ever!
Sharpless: America for ever!
(*Pinkerton e Sharpless si siedono ancora sulla terrazza.*)
Ed è bella la sposa?
Goro (che ha udito, si affaccia al terrazzo premuroso ed insinuante):
Una ghirlanda
di fiori freschi.
Una stella
dai raggi d'oro
E per nulla:
sol cento yen.
(*al Console*)
Se Vostra Grazia mi comanda,
ce n'ho un assortimento.

(*Il Console ridendo, ringrazia e si alza.*)
Pinkerton (con viva impazienza, alzandosi): Va, conducila Goro.
(*Goro corre in fondo e scompare discendendo il colle.*)
Sharpless: Quale smania vi prende!
Sareste addirittura cotto?
Pinkerton: Non so! . . . Non so!
Dipende dal grado di cottura!

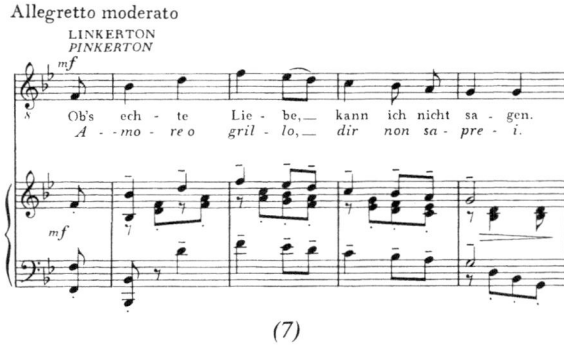

(7)

Die Melodik ist »italienisch« (sie erinnert ein wenig an die Szenen der vier Freunde in der »Bohème«) und gipfelt in einem hohen B.

Ernster klingt die Antwort des Konsuls, aufrichtige Sorge um das Wohl der so leichtsinnig »geheirateten« Japanerin wird darin hörbar.

Ob's echte Liebe,
kann ich nicht sagen.
Eins weiß ich sicher,
daß ich mein Herz
an die Kleine verloren.
Sie ist so süß
wie der Duft einer Blume,
so voller Anmut,
fremd und exotisch,
wie ein Figürchen
auf einem Wandschirm.
Tief hinter Fächern
und Matten verborgen,
wartet sie nur,
daß die Welt sich ihr öffne,
und wie ein Schmetterling
fliegt sie ins Weite,
suchet das Glück
wie der Falter die Blüte:
solch einen Schmetterling
will ich mir fangen,
wenn auch die Flügel ihm
dabei zerbrechen.

Sharpless (ernst):
Vor ungefähr drei Tagen
kam sie in das Konsulat.
Ich sah sie nicht,
doch hört ich, wie sie sprach,
und der Klang ihrer Stimme
hat mir das Herz bewegt.
Sicher meint es die Kleine
ernst,
glauben Sie mir!
Sie dürfen sie nicht täuschen,
Sie müssen gut zu ihr sein,
nur allzuleicht
könnte brechen ihr Herz.

Amore o grillo,
dir non saprei.
Certo costei
m'ha coll'ingenue
arti invescato.
Lieve qual tenue
vetro soffiato,
alla statura,
al portamento
sembra figura
da paravento,
Ma dal suo lucido
fondo di lacca
come con subito
moto si stacca,
qual farfaletta svolazza e posa
con tal grazietta
silenziosa
che di rincorrerla
furor m'assale
se pure infrangerne
dovessi l'ale.

Sharpless (seriamente e bonario):
Ier l'altro, il Consolato
sen' venne a visitar!
Io non la vidi, ma l'udii parlar.
Di sua voce il mistero
l'anima mi colpì.
Certo quando è sincer
l'amor parla così.
Sarebbe gran peccato
le lievi ali strappar
e desolar forse un credulo
cuor.

29

Die Stimmen der beiden Amerikaner vereinen sich im Duett, beide sehr melodiös geführt und vom Orchester schwungvoll gestützt: Pinkerton in seiner Charakterlosigkeit, der Konsul besorgt wegen dieses immer offener werdenden Spiels seines Landsmanns mit einer lebenden Puppe, mit einem »Schmetterling«, auf den er keine Rücksicht zu nehmen gedenkt.

Das Orchester spinnt die Melodie noch weiter, während die Stimmen zu Alltäglicherem übergehen: einem Toast mit Whisky auf Pinkertons »ferne Familie« und – von ihm mit Begeisterung vorgetragen – auf seine erhoffte »richtige« Frau, natürlich eine »echte Amerikanerin«... Die ganze koloniale Überheblichkeit des Westens kommt hier grausam zum Ausdruck, noch dazu in einem Land, das nie Kolonie war und dessen alte Kultur der des Westens – besonders des jungen Amerika – unendlich überlegen ist.

Danach tritt die Musik, ohne einen Bruch zu offenbaren, wieder in eine »exotische« Phase. Sie bekräftigt dies mit einem neuen Motiv, zu dem die Stimmen der die Braut begleitenden Mädchen von ferne hörbar werden:

(Notenbeispiel S. 32)

Linkerton: Glauben Sie mir,
  Herr Konsul,
  Sie nehmen's viel zu schwer,
  Sie sind zu streng,
  sehn das Leben anders an.
  Ich will genießen,
  man ist nur einmal,
  einmal im Leben jung und
  liebesfroh!
Sharpless: Sie dürfen sie nicht
  täuschen . . .
  Nie soll sie leiden,
  Sie dürfen niemals,
  niemals brechen dies
  unschuldvolle Herz.
Linkerton (bietet wieder zu trinken an): Whisky?
Sharpless: Noch ein Gläschen
  nehm ich.
*(Linkerton bedient Sharpless und
  sich selbst mit Whisky.)*

  Ich trink aufs Wohl
  Ihrer fernen Familie!
  (Sharpless hebt das Glas.)
*Linkerton (hebt seinerseits das
  Glas):*
  Und trinken wir auf meinen
  Bund,
  auf meine Ehe
  mit einer echten,
  echten . . . Amerikanerin.
Goro (taucht eilig aus dem Hintergrund auf):
  Achtung! Sie kommen,
  sie kommen schon herauf.
  (deutet nach dem Bergpfad)
  Von ferne klingt ihr Schwatzen
  wie das Zwitschern der Vögel
  frühe am Morgen.

Pinkerton: Console mio garbato,
  quetatevi! Si sa,
  la vostra età è di flebile umor.
  Non c'è gran male
  s'io vo'quell'ale
  drizzare ai dolci voli dell'amor!

Sharpless: Sarebbe gran peccato . . .
  Quella divina
  mite vocina
  non dovrebbe dar note di
  dolor.
*Pinkerton (offre di nuovo da
  bere.):* Wisky?
Sharpless: Un altro bicchiere.

*(Pinkerton mesce del Wisky a
  Sharpless e colma anche il proprio bicchiere)*
  Bevo alla vostra famiglia lontana.
      (Leva il calice)
Pinkerton (leva esso pure il bicchiere):
  E al giorno in cui mi sposerò
  con vere
  nozze, a una vera sposa . . .
  americana.

Goro (riappare correndo affannato dal basso della collina):
  Ecco! Son giunte al sommo del
  pendio.
  (accenna verso il sentiero)
  Già del femmineo sciame
  qual di vento in fogliame
  s'ode il brusìo.

31

(8)

*Die Melodik der ersten vier Takte ist auf einer »Ganztonskala«
aufgebaut, einer Tonleiter, die nur aus Ganztonintervallen gebildet wird (also ohne Verwendung von Halbtönen, wie sie bei Dur-
und Mollskalen neben Ganztonschritten Verwendung finden).
Eine solche Ganztonskala weist nur sechs Töne (statt sieben der
Dur- und Mollskalen) auf. Aus der Ganztonskala wird der
»übermäßige« Dreiklang gebildet, z. B.: C–E–Gis oder
D–Fis–Ais usw. Dieser Akkord klingt für westliche Ohren
»exotisch«. Puccini arbeitet in »Madame Butterfly« sehr stark
mit ihm. So jetzt beim Auftritt Cio-cio-sans, klanglich einem der
Höhepunkte des Werks. (Jeder der ganztaktigen Dreiklänge ist
ein solcher »übermäßiger« Akkord):*

Largo

(9)

(Linkerton und Sharpless gehen in den Hintergrund, um den Hügel hinabblicken zu können.)
Butterflys Freundinnen (hinter der Szene, entfernt):
Ah! ah! ah!
Ah! Welch ein Himmel, welch ein Meer!
(immer hinter der Szene)

(Pinkerton e Sharpless si recano in fondo al giardino osservando verso il sentiero della collina.)
Le amiche di Butterfly (interno, lontano):
Ah! Ah! Ah!
Ah! Quanto cielo! quanto mar!
(sempre interno)

Seht doch, wie der Himmel strahlt!
Butterfly (hinter der Szene): Jetzt sind wir schon ganz nah!
Freundinnen: Wir sind zu spät schon.
Butterly: O wartet!
Freundinnen: Geht nicht so langsam!
Seht die Blumen, welche Pracht!
Butterfly (mit heiterer Klarheit):
Über das Land und übers Meer hin
weht es wie ein Duft von erstem Frühling!
Freundinnen: Seht doch, wie der Himmel strahlt!
Sharpless: Das klingt, als wenn die Jugend selber singt.

Quanto cielo! quanto mar!
Butterfly (interno): Ancora un passo or via.
Le amiche: Come sei tarda!
Butterfly: Aspetta.
Le amiche: Ecco la vetta.
Guarda, guarda quanti fior!
Butterfly (serenamente):
Spira sul mare e sulla terra un primaveril soffio giocondo.
Le amiche: Quanto cielo! quanto mar!
Sharpless: O allegro cinguettar di gioventù!

Hier etwa sollte Butterfly die Bühne erreicht haben. Ihre Stimme,
die bisher eher deklamierend auf hohem Ton gehalten war, formt
sich nun über dem reichen Wohlklang des Orchesters, zur
überströmenden Melodie:

(10)

Diese schwebt über dem klangvollen dreistimmigen Frauenchor,
über dem zart und »süß« instrumentierten Orchester: selten hat
eine Opernfigur eine liebevollere Einführung erlebt. Unterstützt
der Regisseur diese zauberische Szene mit einem stimmungsvol-
len Bühnenbild, einer angemessenen japanisch-graziösen Bewe-
gung des Brautgeleits und dem milden, sehr langsam verlöschen-
den Licht eines klaren Nachmittags, so darf hier von einem der
Höhepunkte der spätromantischen Oper gesprochen werden.

Butterfly: War je ein andres
 Mädchen
 in Japan und der weiten Welt
 wohl so fröhlich?
Freundinnen: Welcher Glanz,
 welcher Duft!
Butterfly:
 Ich folg dem Ruf der Liebe,
 ihrem lockenden Ruf,
 ich komm zu dir, Geliebter,
 o mein Geliebter,
 ich komm, mit dir zu leben
 treu bis zum Tod!
Freundinnen:
 Seht doch, wie der Himmel
 strahlt!
 Lebe froh im Glanz des
 Glücks,
 süße Freundin,
 doch ehe du betrittst die
 Schwelle, [1]
 die dich erwartet,
 sieh nur noch einmal,
 wie der blaue Himmel
 überm Meere hell erstrahlt!
Butterfly: Ihr Guten!
(Die Geishas erscheinen allmäh-
     lich.)

 Ich bin gekommen,
 zu leben mit dir,
 o Geliebter, mit dir,
 ja, ich komme nun zu dir,
 ja, ich komm, Geliebter!

Butterfly: Io sono la fanciulla
 più lieta del Giappone,
 anzi del mondo.

Le amiche: Quanti fior! quanto
 mar!
Butterfly:
 Amiche, io son venuta
 al richiamo d'amor,
 d'amor venni alle soglie
 ove s'accoglie
 il bene di chi vive e di chi muor.

Le amiche:
 Quanto cielo! quanti fior!
 Gioia a te, gioia a te sia
 dolce amica, [1]
 ma pria
 di varcar la soglia che t'attira
 volgiti e mira,
 mira quanto cielo
 quanti fiori, quanto mar!

Butterfly: Amiche,
(Si cominciano a scorgere le
Gheishas che montano il sen-
     tiero.)
 Io son venuta
 al richiamo d'amor,
 al richiamo d'amor,
 son venuta al richiamo
 d'amor, d'amor!

---

[1] Die drei folgenden Verse lauten im Sopran III:
wende dich und
sieh noch einmal,
was dir so lieb ist.

[1] Für die drei folgenden Verse steht im Sopran
III:
volgiti e mira
le cose che ti son care.

Eine neue, stark »japanisch« gefärbte Melodie begleitet zärtlich die Begegnung des Brautpaars:

(11)

Diese Melodie zieht sich auch noch weiter durch die folgende Konversation zwischen Pinkerton, Butterfly und Konsul Sharpless.

Freundinnen: Leb im Glanz deines Glücks,
meine süße Freundin,
doch eh du betrittst die Schwelle,
wende dich um,
sieh, wie rings die Welt
im Glanze strahlt![1]

(Jetzt sind Butterfly und ihre Freundinnen auf der Szene. Sie tragen bunte Sonnenschirme.)
Butterfly (zu den Freundinnen):
Da sind wir.
(Sie sieht die drei Männer und erkennt Linkerton, schließt schnell ihren Schirm und weist die Freundinnen auf Linkerton hin.)
B. F. Linkerton. Kniet!
(kniet nieder)
Freundinnen (schließen die Schirme und knien nieder): Kniet!
(Alle erheben sich und nähern sich Linkerton mit zeremonieller Höflichkeit.)
Butterfly (verneigt sich):
Große Ehre!
Freundinnen (verneigen sich):
Große Ehre!
Linkerton (lächelnd): Sehr beschwerlich war der Aufstieg?
Butterfly: Hab vor Freude, Sie zu sehen,
gar nicht auf den Weg geachtet . . .

Le amiche: Gioia a te, gioia a te sia
dolce amica,
ma pria di varcar la soglia
volgiti e mira[1]
le cose che ti son sì care.[2]

(Appaiono in scena – hanno tutte grandi ombrelli aperti a vivi colori.)
Butterfly (alle amiche):
Siam giunte.
(Vede il gruppo dei tre uomini e riconosce Pinkerton. Chiude subito l'ombrello e pronta lo addita alle amiche.)
F. B. Pinkerton. Giù.
(si genuflette)
Le amiche (chiudono gli ombrelli e si genuflettono): Giù.
(Tutte si alzano e si avvicinano a Pinkerton, cerimoniosamente.)

Butterfly (fa una riverenza):
Gran ventura.
Le amiche (facendo una riverenza): Riverenza.
Pinkerton (sorridendo): È un po'
dura la scalata?
Butterfly: A una sposa costumata
più penosa
è l'impazienza . . .

---

[1] Die drei letzten Verse lauten im Sopran II und III:
wende dich und
sieh, wie die Welt im Glanz,
im Glanze erstrahlt.

[1] Im Sopran II und III steht »guarda« anstelle von »mira«.
[2] Im Sopran I ohne »sì«.

Die Erzählung vom traurigen Schicksal ihrer Familie gibt But-
terfly Gelegenheit zu einer (ebenfalls stark japanischen) kleinen
Ariette sehr einfacher Melodiegestaltung:

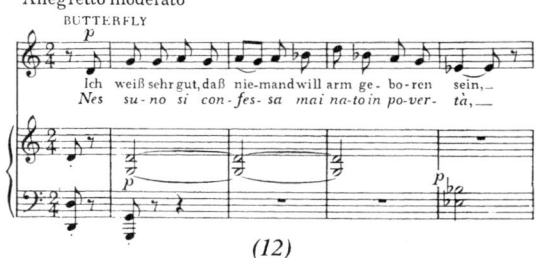

(12)

Linkerton (liebenswürdig, doch
  nicht ganz ernsthaft): Solch ein
  Kompliment ist reizend.
Butterfly (ganz naiv): Noch viel
  schönre wüßte ich . . .
Linkerton (nachhelfend):
  Schön wie Perlen!
Butterfly (will eifrig ihren Vorrat
  an Komplimenten aufzählen):
  Wollen Sie sie gerne hören . . .
Linkerton: Danke . . . Nein.
Sharpless (hat interessiert auf die
  Mädchen geblickt und nähert
  sich nun Butterfly, die ihm auf-
  merksam zuhört):

  Miß Butterfly . . .
  Ihr Name ist wirklich
  sehr passend.
  Sind Sie aus Nagasaki?
Butterfly: Ja, mein Herr,
  und aus einst
  sehr bekannter Familie!
  (zu den Freundinnen)
  Ist es so?
Freundinnen (eifrig beipflich-
  tend): Ja, so ist's!

Butterfly (sehr natürlich):
  Ich weiß sehr gut,
  daß niemand
  will arm geboren sein,
  und ein jeder Habenichts
  erzählt nur zu gern
  von großer Herkunft.
  Doch meine Eltern
  waren wirklich reich.

Pinkerton (gentilmente, ma un
  po' derisorio): Molto raro
  complimento.
Butterfly (con ingenuità): Dei più
  belli ancor ne so . . .
Pinkerton (rincalzando):
  Dei gioielli!
Butterfly (volendo sfoggiare il suo
  repertorio di complimenti):
  Se vi è caro, sul momento . . .
Pinkerton: Grazie . . . no.
Sharpless (ha osservato prima cu-
  riosamente il gruppo delle fan-
  ciulle, poi si è avvicinato a But-
  terfly, che lo ascolta con atten-
  zione):
  Miss Butterfly.
  Bel nome, vi sta a meraviglia.
  Siete di Nagasaki?

Butterfly: Signor sì.
  Di famiglia
  assai prospera un tempo.
  (alle amiche)
  Verità?
Le amiche (approvando premu-
  rose): Verità!

Butterfly (con naturalezza):
  Nessuno si confessa mai nato
  in povertà,
  non c'è vagabondo che a sen-
  tirlo non sia
  di gran prosapia. Eppur
  connobbi la ricchezza. Ma il
  turbine rovescia
  le querce più robuste . . . e ab-

Die Auskünfte Butterflys auf des Konsuls Fragen nach Geschwi-
stern und Eltern erfolgen in fast unbegleitetem, schlichtem Rezi-
tativ. Nur nach der offenbar bedeutungsvolleren Nachricht vom
Tode des Vaters bringt das Orchester in tiefer Lage eine kleine
japanische Melodie.

Bis das Schicksal ihnen nahm,
was geerbt sie von den
Ahnen . . .
Da tanzte ich als Geisha . . .
Man muß doch leben.
(zu den Freundinnen)
War's so?
Freundinnen (bestätigen):
So war's!
Butterfly: Sagt ich zuviel schon?
Sollt ich schweigen?
*(bemerkt, daß Sharpless lä-
chelt)*
Sie lächeln? Warum?
So ist das Dasein.
*Linkerton (hat interessiert zuge-
hört und wendet sich an
Sharpless):*
Ist sie nicht wie ein Schmetter-
ling?
Ich bin wirklich bezaubert!
*Sharpless (wendet sich wiederum
interessiert an Butterfly):*

Haben Sie noch Geschwister?
Butterfly: Nein, Herr Konsul,
nur die Mutter.
Goro (wichtigtuerisch): Eine
adlige Dame.
Butterfly: Doch ohne ihr Ver-
schulden
kam sie in tiefste Armut.
Sharpless: Und Ihr Herr Vater?
*Butterfly (antwortet nach einem
Augenblick der Betroffenheit
einfach und ohne Sentimentali-
tät):* Tot.
*(Die Freundinnen senken die
Köpfe. Goro ist verlegen. Alle be-
wegen nervös ihre Fächer.)*

biam fatto la gheiscia
per sostentarci.

(alle amiche)
Vero?
Le amiche (confermano):
Vero!
Butterfly: Non lo nascondo.
nè m'adonto.
*(vedendo che Sharpless sor-
ride)*
Ridete? Perchè? . . .
Cose del mondo.
*Pinkerton (ha ascoltato con inter-
esse e si rivolge a Sharpless):*

Con quel fare di bambola
quandò parla m'infiamma . . .

*Sharpless (anch'esso interessato
dalle chiacchiere di Butterfly,
continua ad interrogarla):*
E ci avete sorelle?
Butterfly: Non signore. Ho la
mamma.
Goro (con importanza): Una
nobile dama.
Butterfly: Ma senza farle torto
povera molto anch'essa.

Sharpless: E vostro padre?
*Butterfly (si arresta sorpresa, poi
secco secco risponde):*

Morto.
*(Le amiche chinano la testa. Goro
è imbarazzato. Tutte si sventola-
no nervosamente coi ventagli.)*

Dann geht der Dialog weiter, von kurzen Einwürfen des Orchesters gestützt. Im italienischen Original schwankt das Raten des Konsuls über das Alter Butterflys zwischen zehn und zwanzig Jahren, um schließlich in der Mitte – bei fünfzehn – die Wahrheit zu finden. Diese Stelle war stets für Aufführungen eine unüberwindliche Verlegenheit: welche Butterfly-Interpretin durfte, ohne das Publikum zu provozieren, sich für fünfzehn ausgeben? Außerdem: ist dies nicht selbst für eine Japanerin, die bereits als Geisha auftreten mußte, ein sehr frühes Alter zum Heiraten? Muß der amerikanische Marineoffizier zu seiner Skrupellosigkeit auch noch gegen das Strafgesetz zumindest seines eigenen Landes handeln? Die neue deutsche Fassung korrigiert: Butterfly, vom Konsul zuerst auf achtzehn, dann auf zwanzig geschätzt, ist neunzehn Jahre alt.

Wenig Bedeutendes ist hier von der Musik zu sagen. Zum Aufzug der Verwandten erklingt Motiv Nr. 2, beschwingt, unverbindlich, eine bewegte, ein klein wenig groteske Bühnenhandlung untermalend.

Sharpless (die Peinlichkeit des Augenblicks überbrückend, zu Butterfly): Und wie alt sind Sie?
Butterfly (mit reizender Koketterie): Sie sollen raten.
Sharpless: Achtzehn?
Butterfly: Viel älter!
Sharpless: Zwanzig?
Butterfly: Viel jünger!
Ich bin gerade neunzehn,
(mit heiterer Übertreibung)
ach, wie alt bin ich schon
Sharpless: Neunzehn Jahre!
Linkerton: Neunzehn Jahre!
Sharpless: Die Zeit der Träume...
Linkerton: ...und der Romane.
(Aus dem Hintergrund erscheinen die Gäste.)
Goro (kündigt sie mit übertriebener Würde an):

Der Regierungskommissarius,
der Herr Standesamtsverwalter,
die Verwandten.
Linkerton (zu Goro):
Goro, vorwärts!
(Goro läuft ins Haus.)
(Butterflys Verwandte erscheinen. Sie geht ihnen mit den Freundinnen entgegen. Zeremonielle Begrüßungen. Die Neuangekommenen blicken neugierig auf die beiden Amerikaner. Linkerton hat Sharpless untergefaßt, führt ihn ein wenig zur Seite und weist lachend auf die fremdartige Gruppe der Verwandten. Der

Sharpless (ritornando presso Butterfly): Quant'anni avete?

Butterfly (con civetteria quasi infantile): Indovinate.
Sharpless: Dieci.
Butterfly: Crescete.
Sharpless: Venti.
Butterfly: Calate.
Quindici netti, netti;
(con malizia)
sono vecchia diggià.
Sharpless: Quindici anni!
Pinkerton: Quindici anni!
Sharpless: L'età dei giuochi...

Pinkerton: e dei confetti.

Goro (che ha veduto arrivare dal fondo altre persone e le ha riconosciute, annuncia con importanza):
L'Imperial Commissario, l'Ufficiale
del registro, i congiunti.

Pinkerton (a Goro):
Fate presto.
(Goro corre in casa.)
(Dal sentiero in fondo si vedono salire e sfilare i parenti di Butterfly: questa va loro incontro, insieme alle amiche: grandi saluti, riverenze: i parenti osservano curiosamente i due americani. Pinkerton ha preso sottobraccio Sharpless e, condottolo da un lato, gli fa osservare, ridendo, il bizzarro gruppo dei parenti; il

Kommissar und der Standesbeamte begrüßen Linkerton und treten ins Haus, wo sie von Goro empfangen werden.)

Linkerton: Wirklich lustig!
  Dieser Aufzug
  meiner neuesten Verwandtschaft!
  Mir verwandt, solang ich
  möchte.

*Verwandte und Freundinnen
  (zu 4, zu Butterfly):*
  Und er? Und er?
Butterfly (auf Linkerton zeigend): Seht ihn nur an!
*Verwandte und Freundinnen
  (nur 4, auf Linkerton zeigend):*
  Seht ihn nur an!
Eine Kusine: Schön ist er nicht.
Linkerton: Jener Riesenfächer
  dürfte,
  nach dem Äußeren zu
  schließen,
  meine Schwiegermutter
  bergen.
*Verwandte und Freunde
  (nur 4):* Schön ist er nicht.
Butterfly (beleidigt): Er ist so
  schön,
  wie uns im Traum
  lächelt ein Gott.
*Verwandte und Freundinnen
  (nur 4):* Ich find ihn hübsch.
*Verwandte und Freunde
  (nur 4):* Seht ihn nur an!
*Verwandte und Freundinnen
  (4 andere):* Gold ist er wert!
*Butterflys Mutter (in höchstem
  Entzücken):* Schön wie ein
  Gott!

Commissario Imperiale e l'Ufficiale del registro salutano Pinkerton ed entrano in casa, ricevuti da Goro.)

Pinkerton: Che burletta la sfilata
  della nuova parentela,
  tolta in prestito, a mesata.

Parenti ed amiche (4 solí, a Butterfly):
  Dov'è? dov'è?
Butterfly (indicando Pinkerton):
  Eccolo là!
Parenti ed amiche (4 altre, indicando Pinkerton):
  Eccolo là!
Una cugina: Bello non è.
Pinkerton: Certo dietro a quella
  vela
  di ventaglio pavonazzo,
  la mia suocera si cela.

Parenti ed amici (4 soli):
  Bello non è.
Butterfly (offesa): Bello è così
  che non si può
  sognar di più.

Parenti ed amiche (4 soli):
  Mi pare un re!
Parenti ed amici (4 soli):
  In verità.
Parenti ed amiche (4 altre):
  Vale un Perù.
La madre di Butterfly (con grande ammirazione): Mi pare un
re!

Alles hat sich gruppiert, der Onkel Butterflys beginnt, unaufhör-
lich nach Wein zu rufen (wobei den Textdichtern allerdings mehr
italienische als japanische Bräuche vor Augen standen), die
Musik bleibt »begleitend«, mit kleinen japanischen Floskeln und
immer wieder Anspielungen auf Motiv Nr. 2. Die Szene ist
äußerst bewegt, alles singt lauthals und gutgelaunt.

Die Kusine (zu Butterfly): Goro bot mir ihn auch schon an.

Linkerton (auf Yakusidé zeigend):
Dieser üble alte Bursche scheint mir der versoffne Onkel.

Butterfly (schnippisch zur Kusine): Ach, grade dir?

nur 6, Verwandte und Freundinnen (zur Kusine):
Wie ist sie stolz,
daß er sie nahm,
sie sieht auf uns
nur noch herab.

Verwandte und Freundinnen (6 andere, mitleidig auf Butterfly blickend):
Sie ist die Schönste
längst nicht mehr.

Verwandte und Freundinnen: Die Scheidung folgt.

Andere: Das glaub ich auch.

Goro (kommt aus dem Haus und versucht ärgerlich, den allgemeinen Lärm zu unterdrücken):
Seid endlich still,
hört auf zu schrein!

Der Onkel Yakusidé (schaut nach den Dienern, die Wein und Liköre bringen): Gibt's keinen Wein?

Die Mutter und die Tante (heimlich um sich blickend):
Wir werden sehn.

Verwandte und Freundinnen (nur 4, befriedigt zu Yakusidé):
Ich sah schon was,

La Cugina (a Butterfly): Goro l'offrì pur anco a me.

Pinkerton (indicando Yakusidé):

E quel coso da strapazzo
è lo zio briaco e pazzo.

Butterfly (sdegnosa, alla cugina):
Sì, giusto tu!

Parenti ed amiche (6 soli, alla cugina):
Ecco, perchè
prescelta fu,
vuol far con te
la soprappiù.

Parenti ed amiche (6 altri, commiserando Butterfly):

La sua beltà
già disfiorì.

Parenti ed amiche: Divorzierà.

Altri: Spero di sì.

Goro (esce dalla casa e indispettito dal garrulo cicalìo, va dal' – l'uno all'altro raccomandando di parlare sottovoce):
Per carità, tacete un po'.

Lo zio Yakusidé (adocchiando i servi che cominciano a portare vini e liquori): Vino ce n'è?

La madre e la zia (sbirciando, cercando di non farsi scorgere): Guardiamo un po'.

Parenti ed amiche (4 scelti, con soddisfazione, a Yakusidé):
Ne vidi già

Erst hier, als Sharpless sich, nun ein wenig entfernt vom Festes-
treiben, an Pinkerton wendet, formt sich eine neue Melodie, auf
die Pinkerton antwortet:

(13)

so braun wie Tee,
was mag das sein?
Die Mutter, die Tante und der
Chor: Ahu! Ahu!
Die Kusine (zu Butterfly):
Goro bot mir
ihn auch schon an,
doch sagt ich nein!
Der Onkel Yakusidé: Gibt's keinen Wein? Sehn wir mal nach!
Goro (energisch Ruhe gebietend):

So hört doch endlich auf zu
schrein!
Pst! Pst! Pst!
(Auf einen Wink Goros bilden
alle Verwandten und Gäste eine
Gruppe, die aber immer in geschwätziger Bewegung bleibt.)
Sharpless (zu Linkerton, beiseite):
Mein Freund, wie sind Sie
glücklich,
wie glücklich sind Sie, Linkerton!
Die unberührte Schönheit
wird Ihnen sich erschließen!
Linkerton:
Sie ist wie eine Blume,
die sehr exotisch duftet,
sie hat mich ganz verzaubert.

Verwandte und Freundinnen:
Er ist schön, ich mag ihn gern!
Man bot mir ihn auch schon
an!
Doch natürlich sagt ich nein!

color di thè,
e chermisì!
La madre, la zia ed il coro: Ah!
hu! ah! hu!
La cugina (a Butterfly):
Goro l'offrì
pur anco a me,
ma s'ebbe un no!
Lo zio Yakusidé: Vino ce n'è?
Guardiamo un po'!
Goro (interviene di nuovo per far
cessare il baccano, poi coi gesti
fa cenno di tacere):
Per carità, tacete un po'...
Sch! sch! sch!

(Ai cenni di Goro i parenti e invitati si riuniscono in crocchio,
sempre però agitandosi e chiacchierando.)
Sharpless (a Pinkerton, a parte):

O amico fortunato!
O fortunato Pinkerton,
che in sorte v'è toccato
un fior pur or sbocciato!

Pinkerton:
Si, è vero, è un fiore, un fiore,
e in fede mia l'ho colto.
L'esotico suo odore
m'ha il cervello sconvolto.

Parenti ed amiche:
Egli è bel, mi pare un re!
Ei l'offrì pur anco a me!
Ma risposi: Non lo vo'!

Hier lenkt auch Butterflys Stimme auf diese Melodie ein, dann bleiben die der Männer und zuletzt jene des Konsuls allein. Er macht staunend seinen Landsmann aufmerksam, daß Butterfly ihn wirklich liebe.

Pinkerton ruft Butterfly zu sich, um ihr das Haus zu zeigen. Im Orchester klingt sehr leise und aus der Ferne jene große Melodie auf (Nr. 9), die Butterflys Nahen begleitet hatte und im Liebesduett gegen Ende des Aktes ihren ganzen Glanz entfalten wird.

Sharpless: Ich sah wirklich noch niemals
ein schöneres Geschöpf
als diese Butterfly.
Butterfly (zu der Gesellschaft):
Gebt alle acht auf mich.
Verwandte und Freundinnen:
Gerne hätt' ich ihn zum Mann!
Einen bessern find ich wohl,
doch diesen mag ich sicher nicht!
Er ist doch ein großer Herr!
Sharpless (zu Linkerton): Doch was Ihnen ein Spiel ist,
bedeutet für sie das Leben,
sie liebt Sie, sie liebt Sie wirklich.
(zeigt auf Butterfly)
Butterfly: Kommt alle her!
(zur Mutter)
Mutter, du auch!
Macht es mir nach:
(gesprochen, mit kindlicher Stimme)
eins, zwei, drei!
Neigt euch mit mir!
(Auf Butterflys Zeichen verneigen sich alle vor Linkerton und Sharpless. Alle richten sich auf und zerstreuen sich im Garten; Goro zeigt einigen Gästen das Haus. Linkerton nimmt Butterfly bei der Hand und führt sie zum Haus.)
Linkerton: O komm, Geliebte!
Gefällt dir unser Häuschen?
Butterfly: O Herr B. F. Linkerton ...

Sharpless: Non più bella e d'assai fanciulla io vidi mai
di questa Butterfly.

Butterfly (ai suoi): Badate, attenti a me.
Parenti ed amiche:
Senza tanto ricercar
io ne trovo dei miglior,
e gli dirò di no!
No, mia cara non mi par,
è d'avvero un gran signor!
Sharpless (a Pinkerton): E se a voi sembran scede
il patto e la sua fede badate!
Ella ci crede.
(Accenna a Butterfly.)
Butterfly: Mamma, vien qua.
(agli altri)
Badate a me:
attenti, orsù:
(parlato, con voce infantile)

uno, due, tre
e tutti giù.
(Al cenno di Butterfly tutti si inchinano innanzi a Pinkerton ed a Sharpless. I parenti si rialzano e si spargono nel giardino; Goro ne conduce qualcuno nell'interno della casa. Pinkerton prende per mano Butterfly e la conduce verso la casa.)
Pinkerton: Vieni amor mio!
Vi piace la casetta?
Butterfly: Signor F. B. Pinkerton, ...

51

Butterfly zeigt Pinkerton eine Reihe kleiner Gegenstände, die sie
mitgebracht hat. Die Musik intoniert ein kurzes, sehr japanisches
Motiv:

(14)

Bei der Erwähnung eines Futterals, das Butterfly sehr ernst vor
allen Blicken zu verstecken sucht, saust es im Orchester wie ein
Blitzschlag hernieder:

(Notenbeispiel S. 54)

(zeigt, wie Hände und Arme von den vollgestopften Ärmeltaschen behindert sind)
Verzeihung . . .
Möchte Ihnen
etwas Reizendes zeigen . . .
Linkerton: Und was ist das?
Butterfly (zeigt auf die Ärmel ihres Kimonos):
Sehn Sie hier:
Es enttäuscht Sie?
Linkerton (lächelt überrascht, dann sofort sehr galant):
O nein, o nein,
meine süße Butterfly!
Butterfly (nimmt einen Gegenstand nach dem andern aus den Ärmeln und reicht ihn Suzuki, die auf die Terrasse gekommen ist und alles ins Haus bringt):
Seidne Tüchter. Die Pfeife.
Hier noch ein Gürtel.
Und eine kleine Brosche.
Hier ein Spiegel.
Und ein Fächer.
Linkerton (sieht ein kleines Gefäß): Und die Büchse da?
Butterfly: Darin ist meine
Schminke.
Linkerton: Aha!
Butterfly: Mißfällt es?
       (wirft die Büchse fort)
Fort!
(Sie zieht ein langes, schmales Futteral hervor.)
Linkerton: Und dies hier?
Butterfly (sehr ernst): Das ist etwas Heil'ges.
Linkerton (neugierig): Und darf ich es nicht sehen?

(Mostra le mani e le braccia, che sono impacciate dalle maniche ringonfie)
perdono . . .
Io vorrei . . . pochi oggetti
da donna . . .
Pinkerton: Dove sono?
Butterfly (indicando le maniche):

Sono qui . . . vi dispiace?

Pinkerton (un poco sorpreso, sorride, poi subito acconsente, con galanteria): O perchè mai,
mia bella Butterfly!?
Butterfly (a mano a mano cava dalle maniche gli oggetti e li consegna a Suzuki, che è uscita sulla terrazza, e li depone nella casa):
Fazzoletti. La pipa. Una cintura.
Un piccolo fermaglio.
Uno specchio.
Un ventaglio.
Pinkerton (vede un vasetto):
Quel barattolo?
Butterfly: Un vaso di tintura.

Pinkerton: Ohibò!
Butterfly: Vi spiace? . . .
   (getta via il vaso di tintura)
Via!
(Trae un astuccio lungo e stretto.)

Pinkerton: E quello?
Butterfly (molto seria): Cosa sacra e mia.
Pinkerton (curioso): E non si può vedere?

53

(15)

Goro gibt Pinkerton wichtigtuerisch und geheimnisvoll Aus-
kunft: Zum Motiv Nr. 14 enthüllt er in rezitativischem Ton, daß
das Futteral einen Dolch enthalte, den einst der Mikado an
Butterflys Vater schickte... Es war eine klare Aufforderung
zum Harakiri, dem Selbstmord der Ritter, der Samurai. Butter-
flys Vater gehorchte...

Kleine Statuetten werden von Butterfly ihrem künftigen Gatten
gezeigt: die Seelen der Ahnen. Musikalisch ertönt immer noch
das intime Motiv Nr. 14, das hier verklingt.

Butterfly: Zu viele Leute.
Sie verzeihen.
(huscht mit dem Futteral ins Haus)

Goro (hat sich genähert und sagt leise zu Linkerton):
Der Mikado sandte das ihrem Vater
mit der Weisung...
(macht die Geste des Harakiri)
Linkerton (leise zu Goro): Und ihr Vater?
Goro: Er gehorchte.
(geht zurück ins Haus)

Butterfly (ist zurückgekommen, läßt sich dicht bei Linkerton auf der Terrasse nieder und zieht zwei kleine Statuetten aus den Ärmeln): Die Ottokè.
Linkerton (nimmt eine und betrachtet sie neugierig):
Die Figürchen,
und sie bedeuten?
Butterfly: Die Seelen meiner Ahnen.
(setzt die Statuetten beiseite)
Linkerton: Ah! Meine Verehrung.

Butterfly: C'è troppa gente.
Perdonate.
(sparisce nella casa portando con sè l'astuccio)

Goro (che si è avvicinato, dice all'orecchio di Pinkerton):
È un presente
del Mikado a suo padre...
coll'invito...
(fa il gesto di chi s'apre il ventre)
Pinkerton (piano a Goro): E...
suo padre?
Goro: Ha obbedito.
(s'allontana, rientrando nella casa)

Butterfly (è ritornata, va a sedersi sulla terrazza vicino a Pinkerton e leva dalle maniche alcune statuette): Gli Ottokè.

Pinkerton (ne prende una e la esamina con curiosità):
Quei pupazzi?
Aveto detto?
Butterfly: Son l'anime degli avi.

(depone le statuette)
Pinkerton: Ah!... il mio rispetto.

Butterfly vertraut nun Pinkerton ihren vortägigen Besuch in der christlichen Mission (oder Kirche) an. Ihre Stimme gewinnt hier melodische Erregung: es ist ein ungeheurer, rührender Schritt, zu dem sie sich entschlossen hat. Ein neues Motiv unterstreicht es:

(16)

Ist es Absicht, daß Puccini hier zuerst eine chromatische Fortschreitung anwendet, also gewissermaßen einen westlichen Schritt, später aber das Motiv ganztönig, also orientalisch, gestaltet? Und nach kurzem Rezitativ erhebt Butterflys Stimme sich nun zu großer melodischer Kraft:

(17)

56

Butterfly (mit respektvoller Ver-
  traulichkeit zu Linkerton):
Gestern ging ich heimlich
in das Haus Ihrer christlichen
Missionen.
Wenn ich erst Ihre Frau bin,
will ich in Ihrem Glauben
nur noch leben.
(ängstlich)
Niemand weiß, was ich tat,
niemand soll's erfahren.

Butterfly (con rispettosa confi-
  denza, a Pinkerton):
Ieri son salita
tutta sola in secreto alla
Missione.
Colla nuova mia vita
posso adottare nuova reli-
gione.
(con paura)
Lo zio Bonzo nol sa,
nè i miei lo sanno.

Ich folg dem Ruf der Liebe
und werde demutvoll
dem Gotte des Herrn Linkerton mich neigen.
So will's mein Schicksal.
In derselben Kapelle knien wir
am Altar,

Io seguo il mio destino
e piena d'umiltà
al Dio del signor Pinkerton
m'inchino.
È mio destino.
Nella stessa chiesetta in ginocchio con voi

*Ein leidenschaftlicher Ausbruch krönt ihre zärtliche Liebes-
erklärung, die noch in einem kurzen Orchesternachspiel nach-
zittert.*

*Dann werden japanische Glöckchen auf der Bühne vernehmbar.
Sie begleiten die Zeremonie der Heirat, bei der zu dauerndem
Streichertremolo und gelegentlichen kurzen Einwürfen anderer
Instrumente der Trauungskommissar die Hochzeit vornimmt.*

beten zu dem gleichen Gotte.
Und um Sie zu erfreuen,
könnte ich meine Leute ganz
vergessen.
*(Sie wirft sich in Linkertons
Arme.)*
Ich lieb nur dich!
*(Sie unterbricht sich voll Angst,
daß die Verwandten etwas gehört
haben könnten.)*
*(Goro hat den Tscho-ji des Zim-
mers geöffnet, in dem die Beamten die Trauungszeremonie vorbereitet haben. Butterfly und Linkerton gehen ins Zimmer zu
Sharpless und den Beamten. Butterfly kniet nieder, während Linkerton stehen bleibt. Die anderen
bleiben im Garten und knien in
Richtung des Hauses nieder.*
Goro: Alles stille!
Kommissar (liest):
Wir gestatten
dem hier zugegnen Benjamin
Franklin Linkerton,
dem Offizier auf dem Kano-
nenboote »Lincoln«,
Marine der Vereinigten
Staaten
von Nordamerika,
und dem zugegnen Fräulein
Butterfly
aus dem Viertel Omura-Naga-
saki,
die Ehe einzugehen.
Dem Erstgenannten
auf den eignen Willen hin,
und ihr mit der Erlaubnis
der Verwandten,
die alle hier versammelt.

pregherò lo stesso Dio.
E per farvi contento
potrò forse obliar la gente mia.

*(Sie getta nelle braccia di
Pinkerton.)*
Amore mio!
*(Si arresta come avesse paura
d'essere stata udita dai parenti.)*

*(Intanto Goro ha aperto lo shosi –
nella stanza dove tutto è pronto
pel matrimonio, si trovano Sharpless e le autorità – Butterfly entra
nella casa e si inginocchia; Pinkerton è in piedi vicino a lei – i
parenti sono nel giardino, rivolti
verso la casa, inginocchiati.)*

Goro: Tutti zitti!
Il Commissario (legge):
È concesso al nominato
Benjamin Franklin Pinkerton,
Luogotenente nella canno-
niera
«Lincoln», marina degli Stati
Uniti
America del Nord:
ed alla damigella Butterfly
del quartiere d' Omara-Naga-
saki,
d' unirsi in matrimonio, per
dritto
il primo, della propria volontà,
ed ella per consenso dei parenti
qui testimoni all'atto.

Zu einer graziösen, wahrscheinlich japanischen Melodie beglückwünschen die Freundinnen die überglückliche Butterfly:

(18)

(überreicht die Urkunde zur Unterzeichnung)
Goro *(sehr zeremoniell):*
Der Bräutigam.
(Linkerton unterschreibt.)
Und die Braut nun.
(Butterfly unterschreibt ebenfalls.)
Das wäre alles.
(Die Freundinnen treten mit vielen Verneigungen glückwünschend zu Butterfly.)
Die Freundinnen: O Madame Butterfly!
Butterfly (hebt belehrend den Finger): Nein bitte: Madame Linkerton!
(Die Freundinnen beglückwünschen Butterfly, die einige küßt. Der Standesbeamte steckt die Urkunde ein und bedeutet dem Kommissar, daß alles in Ordnung ist.)
Kommissar (reicht Linkerton die Hand): Viel Glück, Herr Leutnant!
Linkerton: Ich danke Ihnen vielmals.
(dankt mit einer Verbeugung)
Kommissar (geht auf den Konsul zu): Gehn Sie hinunter, Herr Konsul?
Sharpless: Ja, mit Ihnen.
(reicht Linkerton die Hand)
Sehen wir uns morgen?
(Er schüttelt ihm die Hand.)
Linkerton: Ich komm zu Ihnen.
Standesbeamter (sich von Linkerton verabschiedend):
Ich wünsch viel Glück.

(Porge l'atto per la firma.)
Goro *(molto cerimonioso):*
Lo sposo.
(Pinkerton firma.)
Poi la sposa.
(Butterfly firma.)
E tutto è fatto.
(Le amiche si avvicinano, complimentose, a Butterfly, alla quale fanno ripetuti inchini.)
Le amiche: Madama Butterfly!
Butterfly (facendo cenno colla mano, alza un dito, e corregge): Madama F. B. Pinkerton.
(Le amiche festeggiano Butterfly, che ne bacia qualcuna: intanto l'Ufficiale dello Stato Civile ritira l'atto e le altre carte, poi avverte il Commissario Imperiale che tutto è finito.)
Il Commissario (saluta Pinkerton): Auguri molti.
Pinkerton: I miei ringraziamenti.
(rende il saluto)
Il Commissario (si avvicina al Console): Il signor Console scende?
Sharpless: L'accompagno.
(saluta Pinkerton)
Ci vedremo domani.
(stringendo la mano a Pinkerton.)
Pinkerton: A meraviglia.
Ufficiale (congedandosi da Pinkerton):
Posterità.

Allgemeines Gratulieren und Abschiednehmen zu kurzen Orchestermotiven. Die Diener haben den zurückbleibenden Mitgliedern der Familie Gläser gereicht. Man trinkt einander zu, die noch verbliebenen Gäste stoßen auf das Wohl des Brautpaars an:

(19)

Linkerton: Ich danke sehr.
(Der Konsul, der Kommissar und der Standesbeamte gehen zur Stadt zurück.)
Sharpless (kommt noch einmal zurück und sagt bedeutungsvoll zu Linkerton): Ich warne . . .
(Linkerton macht eine beschwichtigende Geste und grüßt mit der Hand. Sharpless steigt zur Stadt hinunter; Linkerton winkt ihm noch einmal zu.)
Linkerton (kehrt zurück, reibt sich die Hände und sagt vor sich hin):
Und nun zu der Familie.
(Die Diener bringen Krüge mit Reiswein und verteilen die Gläser.)
Ich will euch gern bewirten,
doch nicht zu lange.
   (den Gästen zuprostend)
Zum Wohl!
Sopran: O Kami, o Kami!
Linkerton: Ich trinke
auf unsere Verwandtschaft.
Yakusidé und Tenor: O Kami, o Kami!
Linkerton: Ich trinke
auf unsere Verwandtschaft.
Die Kusine und die Mutter: Zum Wohle, zum Wohle!
Die Kusine, die Mutter und Sopran: O Kami, o Kami!
Wir trinken
aufs Wohl des jungen Paares.

Pinkerton: Mi proverò.
(Il Console, il Commissario Imperiale e l'Ufficiale del registro si avviano per scendere alla città.)
Sharpless (ritorna indietro e con accento significativo dice a Pinkerton): Giudizio!

(Pinkerton con un gesto lo rassicura e lo saluta colla mano. Sharpless scende pel sentiero; Pinkerton che è andato verso il fondo lo saluta di nuovo.)
Pinkerton (ritorna innanzi e stropicciandosi le mani dice fra sè):

Ed eccoci in famiglia.
(I servi portano delle bottiglie di Saki e distribuiscono bicchieri agli invitati.)
Sbrighiamoci al più presto
in modo onesto
   (brindando cogli invitati)
Hip! hip!
Soprani: O Kami! o Kami!
Pinkerton: Beviamo ai novissimi legami.
Yakusidé e Tenori: O Kami! o Kami!
Pinkerton: Beviamo ai novissimi legami.
La Cugina e la madre: Beviamo beviamo!
La cugina, la madre e Soprani: O Kami! o Kami!
Beviamo ai novissimi legami.

Aus der Ferne wird die böse Stimme des Onkel Priesters hörbar. Das Orchester verharrt in erregtem Streichertremolo, zwei dumpfe Gongschläge verstärken die unheimliche Stimmung, die sich plötzlich ausbreitet. Sehr erschreckt ist die Familie zusammengerückt und wendet sich offenkundig von Butterfly ab. Als das Orchester eine Holzbläsermelodie anstimmt, bewegt sich diese in kleinen Intervallen, als wolle sie Angst ausdrücken. Sie wird erregter, als der Priester die Bühne betritt: Puccini macht hier äußerst realistische Theatermusik zur stürmischen Szene, in der Butterfly von ihren bisherigen Glaubensgefährten verstoßen und verflucht wird.

(Die Glückwünsche werden unterbrochen von bösen Rufen, die vom Bergpfad herüberdringen.)
Der Onkel Priester *(hinter der Szene, entfernt):*
Tscho-tscho-san! Tscho-tscho-san!
Du bist mir ein Abscheu.
(Die Verwandten und Gäste erschrecken und drängen sich in einer Ecke zusammen. Butterfly steht ganz für sich allein.)
Butterfly: 's ist der Priester!
Chor (ängstlich): 's ist der Priester!
Goro (ärgerlich über die Ankunft des Priesters): Der böse, alte Priester!
Priester (näher):
Tscho-tscho-san!
Goro: Muß er kommen und schreien und
Priester: Tscho-tscho-san!
Goro: das Fest uns verderben?
Priester (immer näher): Tscho-tscho-san! Tscho-tscho-san!
(Der Priester erscheint, von zwei Laternenträgern und zwei Priestern begleitet. Er streckt die Arme drohend gegen Butterfly aus.)

Warst du gestern
im Missionshaus?
Chor: Gib Antwort, Tscho-tscho-san!
Linkerton (peinlich berührt durch die Dazwischenkunft des Priesters): Was bedeutet dies Brüllen?

(I brindisi sono interrotti da strane grida che partono dal sentiero della collina.)
Lo zio Bonzo *(dall'interno, lontano):*
Cio-cio-san! Cio-cio-san!
Abbominazione!

(A questo grido tutti i parenti e gli amici allibiscono e si raccolgono impauriti: Butterfly rimane isolata in un angolo.)
Butterfly: Lo zio Bonzo!
Coro (allibiti): Lo zio Bonzo!
Goro (infastidito dalla venuta del Bonzo): Un corno al guastafeste!
Il Bonzo (avvicinandosi):
Cio-cio-san!
Goro: Chi ci leva d'intorno le
Il Bonzo: Cio-cio-san!
Goro: persone moleste?
Il Bonzo (sempre più vicino):
Cio-cio-san! Cio-cio-san!
(Al fondo appare la strana figura del Bonzo, preceduto da due portatori di lanterne e seguito da due Bonzi. Vista Butterfly, che si è scostata da tutti, stende le mani minacciose verso di lei.)
Che hai tu fatto alla Missione?

Coro: Rispondi, Cio-cio-san!

Pinkerton (seccato per la scenata del Bonzo):
Che mi strilla quel matto?

Endlich rafft Pinkerton sich auf und weist den Priester aus dem Hause. Wieder untermalt dichtes Streichertremolo seine und des Priesters letzte Worte. Doch noch lange hört man das Schreien und Heulen der Stimmen, die Butterfly verfluchen, dazwischen die Drohungen des aufgebrachten Priesters, der sich hügelabwärts entfernt. Butterfly, bisher tapfer und mit aller Energie gefaßt, bricht nun in Tränen aus...

Priester: Sag mir,
  was du getan hast!
Chor (angstvoll und dringlich zu
  Butterfly): Gib Antwort,
  Tscho-tscho-san!
Priester: Rede!
  Gib mir endlich Antwort!
  Verrietest du den Glauben?
  (brüllend) Unseren heilgen
  Glauben?
Chor (schreit erschrocken auf):

  Hu! Tscho-tscho-san!
Priester: Ja, du hast ihn ver-
  leugnet,
  den heilgen Glauben!
Chor (schreiend):
  Hu! Tscho-tscho-san!
Priester (geht auf Butterfly zu, die
  ihr Gesicht mit den Händen be-
  deckt, und stößt die Mutter, die
  ihre Tochter schützen will, zu-
  rück. Er schreit Butterfly wü-
  tend ins Gesicht):

  Kami, Sarumasico!
  Verflucht sei deine Seele!
  Quäle dich ewge Reue!
Linkerton (verliert die Geduld
  und tritt zwischen den Priester
  und Butterfly): Verlassen Sie
  mein Haus jetzt!
Priester (hält verblüfft inne und
  fordert dann die Verwandten
  und Freundinnen mit plötzli-
  chem Entschluß auf, fortzu-
  gehen):
  Kommt alle mit mir!
  Wir gehen!

Il Bonzo: Rispondi, che hai tu
  fatto?
Coro (volgendosi, ansiosi, verso
  Butterfly): Rispondi,
  Cio-cio-san!
Il Bonzo: Come,
  hai tu gli occhi asciutti?
  Son dunque questi i frutti?
  (urlando) Ci ha rinnegato
  tutti!
Coro (scandalizzati, con grido
  acuto prolungato): Hou! Cio-
  cio-san!
Il Bonzo: Rinnegato vi dico
  il culto antico.

Coro (gridando):
  Hou! Cio-cio-san!
Il Bonzo (imprecando contro
  Butterfly, che si copre il volto
  colle mani: la madre si avanza
  per difenderla, ma il Bonzo du-
  ramente la respinge e si avvici-
  na terribile a Butterfly gridan-
  dole sulla faccia):
  Kami sarundasico!
  All'anima tua guasta
  qual supplizio sovrasta!
Pinkerton (ha perduto la pazien-
  za e si intromette fra il Bonzo e
  Butterfly.) Ehi, dico: basta,
  basta!
Il Bonzo (alla voce di Pinkerton,
  il Bonzo si arresta stupefatta
  poi con subita risoluzione invi-
  ta i parenti e le amiche a par-
  tire):
  Venite tutti.
  Andiamo!

(zu Butterfly)
Du hast dein Volk verraten!
Yakusidé, Priester und Chor:
Drum sei verstoßen!
(Alle ziehen sich eilig in den Hintergrund zurück und strecken die Arme gegen Butterfly aus.)
Linkerton (fordert alle mit Autorität auf, fortzugehen):
Macht nur schnell,
daß ihr fortkommt!
In meinem Hause
duld ich kein Lärmen
und dulde kein Geschrei!
Chor (Schrei): Hu!
(Nach Linkertons Worten laufen alle hastig davon. Die Mutter, die vergeblich versucht, noch einmal zu Butterfly zu gehen, wird mit fortgerissen. Der Priester verschwindet mit seinen Begleitern.)

Chor (im Gehen): Hu! Tscho-tscho-san!
        (etwas entfernt)
Hu! Tscho-tscho-san!
(Die Stimmen entfernen sich nach und nach. Butterfly bleibt stumm und unbeweglich, das Gesicht in den Händen vergraben. Linkerton geht in den Hintergrund, um sich zu vergewissern, ob alle Störenfriede fort sind.)
Priester, Yakusidé und Tenor:
Kami, Sarumasico!
Sopran: Hu! Tscho-tscho-san!
Priester, Yakusidé und Tenor:
Du bist verstoßen!

(a Butterfly)
Ci hai rinnegato e noi . . .
Yakusidé, il Bonzo e Coro:
Ti rinneghiamo!
(Tutti si ritirano frettolosamente al fondo e stendono le braccia verso Butterfly.)
Pinkerton (con autorità, ordinando a tutti d'andarsene):
Sbarazzate all'istante.
In casa mia
niente baccano
e niente bonzeria.

Coro (grido): Hou!
(Alle parole di Pinkerton, tutti corrono precipitosamente verso il sentiero che scende alla città: la madre tenta di nuovo di andare presso Butterfly, ma viene travolta dagli altri. – Il Bonzo sparisce pel sentiero che va al tempio seguito dagli accoliti.)
Coro (nell' uscire): Hou! Cio-cio-san!
        (un po' lontani)
Hou! Cio-cio-san!
(Le voci poco a poco si allontanano. Butterfly sta sempre immobile e muta colla faccia nelle mani, mentre Pinkerton si è recato alla sommità del sentiero per assicurarsi che tutti quei seccatori se ne vanno.)
Il Bonzo, Yakusidé e Tenori:
Kami sarundasico!
Soprani: Hou! Cio-cio-san!
Il Bonzo, Yakusidé e Tenori:
Ti rinneghiamo!

Das Orchester hat seine erregten Akzente beruhigt, einige Holz-
bläser halten lange mit tröstlich wirkenden Akkorden aus. Pinkerton wendet sich mit einer zarten Melodie Butterfly zu:

(20)

Aus seinen Worten wird allerdings klar, daß er von der Schwere
des Vorgangs, der sich soeben abgespielt hat, keine Ahnung hat
oder daß sie ihn nicht wirklich interessiert.

Sopran (dumpf): Hu!
Tscho-tscho-san!
*Priester, Yakusidé und Chor
(dumpf):* Du bist verstoßen!
Chor: Hu! Tscho-tscho-san!
    (Abenddämmerung)
Sopran: Hu! Tscho-tscho-san!
*(Butterfly bricht in kindliches
Weinen aus. Linkerton geht rasch
zu ihr, schließt sie sanft in seine
Arme und löst ihr zärtlich die
Hände vom Gesicht.)*

Linkerton: Liebling, mein Lieb-
    ling, weine nicht,
    weil die Frösche dort
    quaken ...
Sopran (sehr weit entfernt):
    Hu! Tscho-tscho-san!
*Butterfly (hält sich die Ohren zu,
    um die Schreie nicht zu hören):*
    Ich habe Angst!
Linkerton (spricht ihr zu):
    So hab doch keine Angst,
    denn alle Priester
    hier im Land
    sind wirklich nicht wert,
    daß deine schönen Augen
    weinen.
Butterfly (lächelt kindlich): Du
    glaubst?
    (Verstärkte Dämmerung)
    Ich weine nicht,
    und schon hab ich vergessen
    allen Kummer,
    weiß ich doch,
    daß für immer mein Be-
    schützer
    und mein Gatte du bist.

Soprani (cupo): Hou!
Cio-cio-san!
*Il Bonzo, Yakusidé e Coro (cu-
po):* Ti rinneghiamo!
Coro: Hou! Cio-cio-san!
    (Comincia a calare la sera.)
Soprani: Hou! Cio-cio-san!
*(Butterfly scoppia in pianto infan-
tile. Pinkerton l'ode e va premuroso presso di lei sollevandola
dall'abbattimento in cui è caduta e
togliendole con delicatezza le mani dal viso piangente.)*
Pinkerton: Bimba, bimba, non
    piangere
    per gracchiar di ranocchi.

Soprani (lontanissimo):
    Hou! Cio-cio-san!
*Butterfly (turandosi le orecchie
    per non udire le grida):* Urlano
    ancor!
Pinkerton (rincorandola):
    Tutta la tua tribù
    e i Bonzi tutti del Giappon non
    valgono
    il pianto di quegli occhi
    cari e belli.

*Butterfly (sorridendo infantil-
mente):* Davver?
    (Comincia a calare la sera.)
    Non piango più.
    E quasi del ripudio non mi
    duole
    per le vostre parole
    che mi suonan così dolci nel
    cor.

Viele kürzere Motive – darunter mehrere mit stark japanischer Färbung – begleiten den milden Übergang des Tages in die einbrechende Nacht. Im Innern des Hauses murmelt Suzuki ihr Abendgebet, währenddessen das Orchester aussetzt.

Von hier angefangen bis zum Ende des Aktes reißt das melodische Geschehen nun nicht mehr ab. Jetzt musiziert Puccini aus vollem Herzen und voll herrlicher Einfälle. Zuerst eine Melodie in hellem innigen A-Dur:

(Fortsetzung des Notenbeispiels S. 74)

(Sie will Linkertons Hand küssen.)

Linkerton (wehrt zart ab): Was soll's? Die Hand?

Butterfly: Ich hörte,
dort bei euch,
unter Leuten guter Herkunft,
sei dies der Ausdruck
herzlicher Verehrung.

Suzuki (hinter der Szene, murmelnd):
Izagi, Izanami,
Sarumasico, Kami, Izagi,
Izanami, Sarumasico, Kami.

Linkerton (überrascht von dem Gemurmel): Wer murmelt da im Haus?

Butterfly: Die Suzuki verrichtet dort ihr Abendgebet.

(Es wird immer dunkler. Linkerton führt Butterfly zum Haus.)

Linkerton: Nun kommt der Abend . . .

Butterfly: . . . und Schatten und Stille.

(Si china per baciare la mano a Pinkerton.)

Pinkerton (dolcemente impedendo): Che fai? la man?

Butterfly: M'han detto
che laggiù fra la gente costumata
è questo il segno del maggior rispetto.

Suzuki (internamente brontolando):
E Izaghi ed Izanami
Sarundasico, e Kami,
e Izaghi, ed Izanami,
Sarundasico, e Kami.

Pinkerton (sorpreso per tale sordo bisbiglio): Chi brontola lassù?

Butterfly: È Suzuki che fa la sua preghiera seral.

(Scende sempre più la sera e Pinkerton conduce Butterfly verso la casetta.)

Pinkerton: Viene la sera

Butterfly: e l'ombra e la quiete.

(21)

Linkerton: Wir sind alleine . . .
Butterfly: . . . doch ich bin ver-
stoßen,
ausgestoßen . . .
und so glücklich!
*Linkerton (klatscht dreimal in die
Hände. Suzuki kommt rasch
mit den Dienern. Er befiehlt):*
Suzuki, nun schließe!
*(Die Diener schließen leise die
Wände des Hauses.)*
Butterfly (sehr innig):

Ja, ja, wir sind alleine
mit unsrer Liebe . . .
Linkerton (lachend): Kein Prie-
ster soll uns stören!
*(Suzuki und die Diener sind wie-
der erschienen und warten auf
weitere Befehle.)*
Butterfly: Suzuki, bring mein
Nachtkleid!
*(Suzuki holt aus einem Behältnis
das Nachtkleid und bringt ein
Köfferchen mit Toilettensachen.)*

*Suzuki (verneigt sich vor Linker-
ton):* Gute Nacht, Herr!
*(Linkerton klatscht in die Hände,
worauf die Diener eilig abgehen.)*
*(Butterfly tritt ins Haus und
macht mit Suzukis Hilfe Toilette
für die Nacht. Sie tauscht das
Hochzeitsgewand mit dem weißen Nachtkleid. Dann setzt sie
sich auf ein Kissen, nimmt einen
kleinen Spiegel und ordnet ihre
Frisur. Suzuki geht ab.)*
Butterfly: Den prunkvollen Obi
will endlich ich abtun,

Pinkerton: E sei qui sola.
Butterfly: Sola e rinnegata,
Rinnegata . . .
e felice!

*Pinkerton (batte tre volte le mani:
i servi e Suzuki accorrono subi-
to, e Pinkerton ordina ai servi):*
A voi, chiudete.
*(I servi fanno scorrere silenziosa-
mente alcune pareti.)*
*Butterfly (con intensità a Pin-
kerton):*
Sì, sì, noi tutti soli . . .
E fuori il mondo . . .
Pinkerton (ridendo): E il Bonzo
furibondo.
*(A Suzuki, che è venuta coi servi e
sta aspettando gli ordini.)*

Butterfly: Suzuki, le mie vesti.

*(Suzuki fruga in un cofano e dà a
Butterfly gli abiti per la notte ed
un cofanetto coll'occorrente per la
toeletta.)*
*Suzuki (inchinandosi a Pinker-
ton):* Buona notte.
*(Pinkerton batte le mani: i servi
corrono via.)*
*(Butterfly entra nella casa ed aiu-
tata da Suzuki fa cautelosamente
la sua toeletta da notte, levandosi
la veste nuziale ed indossandone
una tutta bianca; poi siede su di un
cuscino e mirandosi in uno spec-
chietto si ravvia i capelli: Suzuki
esce.)*
Butterfly: Quest'obi pomposa
di sciogliermi tarda,

Für einen Augenblick entsinnt sich Butterfly des Fluchs:

(Fortsetzung des Notenbeispiels S. 78)

*Linkerton (mit verliebten
    Blicken):*
Behende wie ein Eichhörn-
chen
löst sie die Schleife.
Butterfly: in strahlender Weiße
erscheine die Braut.
Linkerton: Wer dächte, daß dies
Spielzeug
meine Frau ist!
Butterfly: Wie lieb er mich an-
sieht,
wie zärtlich er lächelt.
Linkerton: Wie reizend!
(lächelnd)
Welch ein Zauber umgibt sie!
Butterfly: Könnt ich mich ver-
bergen!
Ich bebe vor Scham.
Linkerton: O wie sehr ich sie be-
gehre,
wie zärtlich ich sie liebe!
Butterfly: Doch dort: die böse
Stimme,
die mich verfluchte . . .
*(Linkerton steht auf und nähert
    sich Butterfly.)*

*Pinkerton (guardando amorosa-
    mente Butterfly):*
Con moti di scoiattolo
i nodi allenta e scioglie!

Butterfly: si vesta la sposa
di puro candor.
Pinkerton: Pensar che quel gio-
cattolo
è mia moglie.
Butterfly: Tra moti sommessi
sorride e mi guarda.

Pinkerton: Mia moglie!
(sorridendo)
Ma tal grazia dispiega.
Butterfly: Celarmi potessi!
ne ho tanto rossor!

Pinkerton: ch'io mi struggo per la
febbre
d'un subito desìo.
Butterfly: E ancor l'irata
voce mi maledice . . .

*(Pinkerton alzandosi, poco a po-
    co s'avvicina a Butterfly.)*

(22)

Das Orchester zitiert Motive aus jener Szene, die Butterfly
schaudern lassen. Doch zuletzt geht ihre Stimme in das zärtliche
A-Dur zurück (»e felice«, »und so glücklich«).
Sofort nimmt Pinkerton es auf, seine Stimme wird werbend und
glanzvoll:

(23)

Butterfly erwidert mit einer japanisch gefärbten Melodie, die nur
aus Ganztonintervallen besteht, bis sie schließlich doch auf dem
stimmlichen Höhepunkt echtes italienisches Opernkolorit annimmt.

78

Butterfly: Butterfly, ausge-
    stoßen,
    ausgestoßen,
    und so glücklich.

Butterfly: Butterfly . . . rinnegata
    Rinnegata . . .
    e felice.

Linkerton (reicht Butterfly, die
    die Terrasse herabsteigen will,
    die Hand):
    O welch ein Zauber
    strahlt aus deinen Augen!
    Sei endlich nun die Meine!
    Dein Kleid ist so weiß wie die
    Lilie.
    Ich liebe den dunkelen Glanz
    deines schimmernden Haares!

Pinkerton (stende le mani a But-
    terfly che sta per scendere dalla
    terrazza):
    Bimba dagli occhi pieni di
    malìa.
    ora sei tutta mia.
    Sei tutta vestita di giglio.
    Mi piace la treccia tua bruna,
    fra candidi veli.

Butterfly: Ich gleiche der
    Göttin des Mondes,
    (steigt von der Terrasse herab)
    der zierlichen Göttin des

Butterfly: Somiglio
    la Dea della luna,
    (scendendo dal terrazzo)
    la piccola Dea della luna che

Pinkertons Phrasen werden nun immer feuriger und zärtlicher:

(24)

Mondes,
die nachts
auf der Brücke des Himmels
erstrahlt . . .
Linkerton: . . . bezaubernd die
Herzen . . .
Butterfly: . . . hüllt die Seelen
in ihr leuchtendes weißes Gewand,
entrückt sie bis zum Himmel,
in schimmernde Fernen.
Linkerton: Doch endlich mußt
du mir nun sagen,
ob du mich von Herzen auch
lieb hast.
O nenne das zärtliche Wort,
das den Liebenden so sehr be-
glückt!

scende
la notte dal ponte del ciel.

Pinkerton: E affascina i cuori . . .

Butterfly: E li prende,
e li avvolge in un bianco
mantel.
E via se li reca
negli alti reami.
Pinkerton: Ma intanto finor non
m'hai detto,
ancor non m'hai detto che
m'ami.
Le sa quella Dea le parole
che appagan gli ardenti desir?

Butterfly geht voll darauf ein und erhält von Puccini einige seiner ausdrucksvollen Liebesmelodien.

Ein ganz neues Motiv – immer noch in A-Dur – verrät den mitgerissenen Pinkerton:

(25)

Butterfly: Dies Wort wage ich
   nicht zu sagen,
   ich fürchte, ich sterbe daran,
   ich fürchte, das Glück ist zu
   groß!

Linkerton: Törichter Wahn ist's,
   daß Liebe uns tötet!
   Sie gibt Leben,
   gibt uns Freuden
   von nie gekannter Schönheit!
   Daß du mich liebst,
(zieht Butterfly an sich und strei-
         chelt ihr Gesicht)
   las ich schon lang
   in deinen Augen.

Butterfly: Le sa. Forse dirle non
   vuole
   per tema d'averne a morir!

Pinkerton: Stolta paura, l'amor
   non uccide
   ma dà vita, e sorride
   per gioie celestiali
   come ora fa

(avvicinandosi a Butterfly e ca-
      rezzandole il viso)
   nei tuoi lunghi occhi ovali.

Mit vollen Händen verstreut der Komponist nun Melodie auf Melodie. Butterfly singt mit größter Innigkeit:

(26)

Da fährt es auf einmal im Orchester dazwischen, als sei die furchtbare Stimme des sie verfluchenden Priesters noch in der Luft: das Orchester mit ganzer Kraft, ein Ganztonmotiv, das den Hörer sofort wieder nach Japan zurückversetzt. Es währt nur Augenblicke, dann hat sich Butterfly in Pinkertons Armen beruhigt, Japan macht Italien Platz:

(27)

(Butterfly entzieht sich mit einer plötzlichen Bewegung der stürmischen Zärtlichkeit Linkertons.)
Butterfly *(mit starker Empfindung):* Du bist für mich nun
(sich begeisternd)
das ganze Leben,
du bist nun meine Heimat,
und du gefielst mir schon,
als zum ersten Male
ich dich gesehen.

(Butterfly, con subito movimento, si ritrae dalla carezza ardente di Pinkerton.)
Butterfly *(con intenso sentimento):* Adesso voi
(entusiasmandosi)
siete per me l'occhio del firmamento.
E mi piaceste dal primo momento
che vi ho veduto.

(Butterfly fährt erschreckt zusammen und hält sich die Ohren zu, als höre sie noch das Geschrei der Verwandten. Dann beruhigt sie sich und nähert sich vertrauensvoll Linkerton.)
Du bist gut und freundlich,
dein Lächeln ist offen,
ohne Argwohn.
Du sagst mir Worte,
wie nie ich sie hörte.
Wie bin ich glücklich,
wie bin ich glücklich.
(Es ist Nacht geworden. Klarer Sternenhimmel.)

(Ha un moto spavento e fa atto di turarsi gli orecchi, come se ancora avesse ad udire le urla dei parenti: poi si rassicura e con fiducia si rivolge a Pinkerton.)
Siete
alto, forte. Ridete
con modi sì palesi!
E dite cose che mai non intesi.
Or son contenta,
or son contenta.

(Notte completa: cielo purissimo e stellato.)

Viele Modulationen haben nun in ferne Tonarten geführt. Da
sammelt sich Puccini in einer abermals neuen Melodie, die von
einer zarten Solovioline in Es-Dur eingeführt wird:

(28)

Sie durchläuft eine Reihe von Tonarten und wird von Butterfly
übernommen und fortgesponnen.

Die Musik erreicht immer höhere Grade der Leidenschaft. Doch
der Vergleich mit einem Schmetterling erschreckt Butterfly: töten
die westlichen Menschen nicht diese kleine Tierchen? Und aber-
mals stürzt das Orchester mit dem (japanisch ganztönigen)
Motiv des Fluchs (Nr. 22) über das Idyll herein. Der böse
Augenblick geht vorbei, die Musik beruhigt sich und kehrt nach
A-Dur zurück.

(Butterfly nähert sich Linkerton, der sich auf eine Bank im Garten gesetzt hat.)

(Butterfly avvicinandosi lentamente a Pinkerton seduto sulla panca nel giardino.)

Butterfly (kniet bei Linkerton nieder und blickt mit zärtlicher Bitte zu ihm auf):

Willst du mich nun lieben,
ein ganz klein wenig lieben?
Ich will auch immer gut sein,
immer will ich dir dienen.
Willst du mich nun lieben?
Gib mir von deinem Herzen
ein winziges Teilchen,
dann bin ich schon zufrieden!
Still und voller Demut
will ich für dich nur leben,
will dir nah sein,
solang du mich lieb hast.
Linkerton: Laß mich doch deine kleinen Hände küssen!
(leidenschaftlich)

O Butterfly
Das ist der rechte Name:
Schmetterling, so heißt du!
Butterfly (wird traurig und entzieht Linkerton ihre Hände):
Wenn in euren Landen
ihr Schmetterlinge jagt,
(mit ängstlichem Ausdruck)
stecht ihr eine Nadel

Butterfly (si inginocchia ai piedi di Pinkerton e lo guarda con tenerezza, quasi supplichevole):
Vogliatemi bene,
un bene piccolino,
un bene da bambino
quale a me si conviene,
vogliatemi bene.
Noi siamo gente avvezza
alle piccole cose
umili e silenziose,
ad una tenerezza
sfiorante e pur profonda
come il ciel, come l'onda
del mare.
Pinkerton: Dammi ch'io baci le tue mani care.
(Prorompe con grande tenerezza.)
Mia Butterfly!
come t'han ben nomata
tenue farfalla . . .
Butterfly (a queste parole si rattrista e ritira le mani):
Dicon ch' oltre mare
se cade in man dell'uom
(con paurosa espressione)
ogni farfalla

*Hier stimmt Pinkerton noch einmal das Motiv Nr. 25 an, das sich
zu prächtigen Höhepunkten aufschwingt.*

durch ihr zierliches Leibchen,
(gequält)
auf ein Brett sie zu nageln.
Linkerton (ergreift Butterflys
Hände wieder; lächelnd):

Da ist was Wahres dran,
und weißt du auch, warum?
Damit sie nie mehr fliehn!
(umarmt sie leidenschaftlich)

Du bist gefangen,
ich fühle dich erbeben!
Gehör mir!
Butterfly (hingegeben): Fürs gan-
ze Leben!
Linkerton: Komme, komm doch!
(Butterfly entzieht sich schamvoll
Linkerton.)
Komm, befreie die Seele
von Sorgen und von Kummer!
(weist zum Sternenhimmel)
(schwungvoll)
O Nacht unsrer Liebe!
Alles liegt schon im Schlafe.
Butterfly (blickt zum Himmel;
ekstatisch): Ah, welch ein
Schimmer!
Linkerton: Komm doch, komm
doch . . .
Butterfly: Wieviel Sterne!
Niemals sah ich sie so herrlich!
Linkerton: O Nacht unsrer
Liebe!
O komm doch, komm doch!
O Nacht unsrer Liebe!
Alles liegt schon im Schlafe.

da uno spillo è trafitta
(con strazio)
ed in tavole infitta!
Pinkerton (riprendendo dolce-
mente le mani a Butterfly sorri-
dendo):
Un po' di vero c'è.
E tu lo sai perchè?
Perchè non fugga più.
(con entusiasmo e affettuosamen-
te abbracciandola)
Io t'ho ghermita . . .
Ti serro palpitante.
Sei mia.
Butterfly (abbandonandosi): Sì,
per la vita.
Pinkerton: Vieni, vieni . . .
(Butterfly si ritrae, quasi vergo-
gnosa d'essersi abbandonata.)
Via dall'anima in pena
l'angoscia paurosa.
(indica il cielo stellato)
(con grande slancio)
È notte serena!
Guarda: dorme ogni cosa!
Butterfly (guardando il cielo, es-
tatica): Ah! Dolce notte!

Pinkerton: Vieni, vieni . . .

Butterfly: Quante stelle!
Non le vidi mai sì belle!
Pinkerton: È notte serena!
Ah! vieni, vieni.
È notte serena! . . .
Guarda: dorme ogni cosa!

Nach einer kurzen Stille setzt das Orchester mit dem Motiv Nr. 9 ein, das nun zum großen Liebesgesang wird:

(29)

Butterfly: Welch ein Himmel!
  Wieviel Sterne!
Linkerton: Komm doch, komm
  doch!
Butterfly: Niemals sah ich sie so
  herrlich!
  Leuchtend, funkelnd aus tausend Augen
  strahlt die Nacht auf uns hernieder. Oh!
*(Leuchtkäfer werden zwischen
den Blumen und dem Laub der
Bäume sichtbar und umschweben
  die Liebenden.)*
Linkerton: Komm, Geliebte!
  (leidenschaftlich)
  O gehöre mir nun ganz!

Butterfly: Dolce notte!
  Quante stelle!
Pinkerton: Vieni, vieni!

Butterfly: No le vidi mai sì belle!
  Trema, brilla ogni favilla
  col baglior d'una pupilla. Oh!

*(Compaiono le lucciole, che bril-
lano attorno agli amanti, tra i fiori
  e tra il fogliame degli alberi.)*

Pinkerton: Vien, sei mia! . . .
  (con cupido amore)
  Via l'angoscia dal tuo cor!

Die langen »Sehnsuchtsakkorde« (musiktheoretisch: die »über-
mäßigen« Akkorde) straffen sich zu melodischem Geschehen, so
wie bei Butterflys Auftritt (Nr. 10), doch länger und in einem
mitreißenden Liebesduett aufs höchste gesteigert:

(30)

Mit der letzten Note erreicht Butterflys Stimme das hohe C. Auch
für den Tenor ist diese Möglichkeit vorgesehen, zugleich aber die
andere, auf einem tieferen Ton zu schließen. Das Orchester singt
in strahlendster Prachtentfaltung die große Liebesmelodie,
immer leiser werdend, bis sie in der japanischen Nacht fernhin
verklingt . . .

Butterfly: Sieh, der Himmel unsrer Liebe
glänzt so hell über das Meer
und alle Lande:
Sel'ge Stunde der Erfüllung . . .
Linkerton: O komm in meine Arme,
Geliebte, o komm,
sei die Meine,
die Nacht gehört uns:
die Welt liegt im Schlafe!
Ich fühle, wie du bebst . . .
O komm!
Butterfly: Ah, der Himmel unsrer Liebe,
sieh, wie leuchtend er uns strahlt.
Linkerton: Alles liegt schon im Schlafe!
O komm, sei nun die Meine!
Butterfly: O Nacht voll Schönheit!
Ja, die Stunde unsres Glücks bricht nun an!
Linkerton: O komm, ja komm, Geliebte!
(Sie gehen aus dem Garten zum Hause.)

Butterfly: Oh! quanti occhi fisi, attenti
d'ogni parte a riguardar!
pei firmamenti,
via pei lidi, via pel mare . . .

Pinkerton: Ti serro palpitante.
Sei mia. Ah! Vien,
vien . . . sei mia.
Ah! vieni, guarda:
dorme ogni cosa!
Ti serro palpitante.
Ah, vien!

Butterfly: Ah! quanti occhi fisi, attenti!
quanti sguardi
ride il ciel!
Pinkerton: Guarda: dorme ogni cosa!
Ah! vien! ah! vieni, vieni!
Butterfly: Ah! Dolce notte!
Tutto estatico d'amor
ride il ciel!

Pinkerton: Ah! vien, ah! vien! sei mia!
(Butterfly e Pinkerton salgono dal giardino nella casetta.)

93

Auch der zweite Akt beginnt mit einem kurzen Orchestervor-
spiel. Es ist (wie im ersten Akt) wiederum ein, allerdings sehr
knappes Fugato oder gar nur die Exposition hierzu: drei Ein-
sätze eines an sich nicht sehr bedeutenden Themas in der vorge-
schriebenen »klassischen« Tonartenfolge. In g-Moll beginnt es,
in d-Moll erfolgt der zweite, in g-Moll der dritte Einsatz. Danach
werden Thema und Durchführungsart aufgegeben.
War beim Vorspiel zum ersten Akt die an sich bewegte Fugen-
form vielleicht mit den in diesem Abschnitt zu erwartenden
lebhaften dramatischen Abläufen zu motivieren, so fällt dies hier
sehr schwer. Der zweite Akt wird in seiner Gesamtheit zu einem
einzigen qualvollen Warten Butterflys. Warum also das Fugato,
dessen Grundtempo allerdings viel langsamer ist als im ersten
Akt und das Ruhepunkte einlegt? Sind es diesmal Butterflys
Gedanken, die unaufhörlich um das Gleiche kreisen?
Als zweites Motiv erscheint jenes Ganztonthema, das im ersten
Akt mit Butterflys Ausstoßung verbunden war (Nr. 22) und nun
breit ausgespielt wird–, so als nehme es in Butterflys Unter-
bewußtsein einen immer quälenderen Rang ein:

(31)

Diese an sich knappe Tonfolge wird während weniger Takte mit
dem Anfang des Fugenthemas kombiniert, wobei dieses eben-
falls den »asiatischen« Charakter annimmt, also nur ganztönige
Melodieschritte aufweist.
Suzuki kniet vor einem kleinen buddhistischen Hausaltar oder
– schrein und singt zu einer absichtlich monotonen Begleitung
ein Gebet, das gänzlich auf fernöstlichen Fünftonskalen aufge-
baut ist oder gar eine japanische Originalmelodie sein könnte.
Daß Puccini hier solche »exotischen« Klänge verwendet, versteht
sich von selbst. Butterflys Rolle schwankt zwischen orientali-
scher und westlicher Musik, da ihre Seele sich durch die Liebe zu
Pinkerton dem Fremdartigen erschließt. Suzuki hingegen bleibt
in Bräuchen und Religion der Heimat verwurzelt.

94

ZWEITER AKT
Inneres von Butterflys Haus

ATTO SECONDO
Interno della casetta di Butterfly

(Die Wände sind geschlossen. Halbdunkel. Suzuki kauert betend vor einer Buddha-Statue, zuweilen die Gebetsglocke anschlagend. Butterfly liegt am Boden, den Kopf auf die Hände gestützt.)

(Le pareti sono chiuse lasciando la camera in una semioscurità. Suzuki prega, raggomitolata davanti all'immagine di Budda: suona di quando in quando la campanella delle preghiere. Butterfly è stesa a terra, appoggiando la testa nelle palme delle mani.)

Suzuki (betend): Izagi, Izanami, Sarumasico und Kami . . .

Suzuki (pregando): E Izaghi ed Izanami, Sarundasico e Kami . . .

(unterbricht sich)
O welch ein Elend!
(Sie schlägt die Glocke an, um die Aufmerksamkeit der Götter zu erregen.)
Und du, Ten Sjo Odaj,

(interrompendosi)
Oh! la mia testa!
(Suona la campanella per richiamare l'attenzione degli Dei.)
E tu Ten-Sjoo-daj!

Puccini verwendet übrigens die Elemente der japanischen Musik keineswegs starr oder plakativ (wie viele Komponisten jener Zeit es taten), er sucht stets Verbindungen der beiden an sich sehr verschiedenen Musikwelten.

Butterflys erstem Einsatz geht eine kurze melodische Phrase voraus, die später zu einem großen schmerzlichen Ausbruch gesteigert wird:

(32)

Im Wechsel zwischen den Motiven Nr. 31 und 32 verläuft die Szene, in der Butterfly Suzuki Mut zu machen sucht.

(schluchzend; blickt auf Butterfly)
gib doch, daß Butterfly
nicht länger weint,
erhör mein Flehn!
Butterfly (ohne sich zu bewegen):
Faul und gefühllos
sind die Götter in Japan.
Der Gott meines Geliebten
erhöret immer die Gebete
der Menschen, die in Not sind.
Doch sicher weiß er gar nicht,
daß wir Armen hier wohnen.

(bleibt in Gedanken versunken)
*(Suzuki erhebt sich und öffnet die
Wand zum Garten hin.)*
Suzuki, wieviel ist uns geblieben?
*Suzuki (geht zu einem Schränkchen, öffnet eine Kassette und
zählt das darin befindliche
Geld. Sie zeigt Butterfly einige
Münzen):* Das ist alles, was da
ist.
Butterfly: Dies hier?
Ach, das ist wenig!
*Suzuki(verschließt die Kassette
mit dem Geld wieder in dem
Schränkchen.)*
(seufzt):
Wenn er nicht wieder zurückkommt,
wird es schlimm für uns
werden.
Butterfly(erhebt sich entschlossen): Er kommt ja.
Suzuki (schüttelt den Kopf):
Wär's doch wahr!

*(con voce di pianto, guardando
Butterfly)*
Fate che Butterfly
non pianga più,
mai più, mai più.
Butterfly (senza muoversi):
Pigri ed obesi
son gli Dei Giapponesi.
L'americano Iddio son persuasa
ben più presto risponde a chi
l'implori.
Ma temo ch'egli ignori
che noi stiam qui di casa.
(Rimane pensierosa.)
*(Suzuki si alza, apre la parete del
fondo verso il giardino.)*
Suzuki, è lungi la miseria?

*Suzuki (va ad un piccolo mobile
ed apre un cassetto cercando
delle monete. Va presso Butterfly e le mostra poche monete):*
Questo è l'ultimo fondo.

Butterfly: Questo? Oh!
Troppe spese!
*Suzuki (ripone il danaro e chiude
il piccolo mobile e lo chiude.)*

(sospirando):
S'egli non torna e presto,
siamo male in arnese.

Butterfly (decisa, alzandosi):
Ma torna.
Suzuki (crollando la testa):
Tornerà!

*Hier taucht in zartester Tongebung das »Liebesthema« (Nr. 9)
auf, ferne Erinnerung an den glücklichen Tag ihrer Hochzeit,
Sehnsuchtsklänge, seltsame Mischung aus Abend- und Morgen-
land.*

*Suzuki bleibt ungerührt, und mit dem nun hart zupackenden
Motiv Nr. 32 bringt Butterfly sie zum Schweigen. Sie erinnert
sich ihres letzten Gesprächs mit Pinkerton, wobei ein äußerst
zarter Klangteppich aus verschiedenen kurzen, japanisch
gefärbten Motiven gewoben wird.*

Butterfly (tritt ärgerlich zu Suzuki):
Warum befahl er dem Konsul,
unsre Miete zu bezahlen?
So rede doch!

(Suzuki schweigt)
(beharrlich)
Warum ließ unser Häuschen
mit Schlössern und mit Riegeln
er versehen,
wenn er nie wieder
zu uns käm zurück?
Suzuki: Weiß es nicht.
Butterfly (ein wenig irritiert und zugleich verwundert über so viel Unwissenheit):
Weißt du's nicht?
(ruhig, mit gläubiger Zuversicht)
Ich will's dir sagen:
daß die schlechten Leute,
die Verwandten, der Priester
uns nie mehr quälen und kränken.
Er will uns ja behüten vor dem Bösen,
weil ich doch sein treues Weib bin,
Butterfly!
Suzuki (nicht überzeugt): Ach, nie noch hört ich,
daß ein Mann aus der Fremde wär jemals wiedergekommen.

Butterfly (packt Suzuki wütend an):
Ah! Schweige! Ich befehl es!
(sucht immer eindringlicher Suzuki zu überzeugen)

Butterfly (indispettita, avvicinandosi a Suzuki):
Perchè dispone
che il Console provveda alla pigione,
rispondi, su!
(Suzuki tace.)
(sempre insistendo)
Perchè con tante cure
la casa rifornì di serrature,
s'ei non volesse ritornar mai più?

Suzuki: Non lo so.
Butterfly (un poco irritata e meravigliata a tanta ignoranza):

Non lo sai?
(ritornando calma e con fiducioso orgoglio)
Io te lo dico. Per tener ben fuori
le zanzare, i parenti ed i dolori
e dentro, con gelosa
custodia, la sua sposa
che son io: Butterfly.

Suzuki (poco convinta): Mai non s'è udito
di straniero marito
che sia tornato al suo nido.

Butterfly (furibonda, afferrando Suzuki):
Ah! Taci, o t'uccido.
(insistendo nel persuadere Suzuki)

Pinkertons Satz, er werde wiederkehren, wenn die Rotkehlchen ihre Nester bauen, ist Butterfly im Gedächtnis geblieben. Nun meint sie immer wieder, deren Zwitschern zu hören:

(33)

(Ein kleines Meisterstück der Tonmalerei, vielleicht dem leise rieselnden Schnee im dritten Bild der »Bohème« vergleichbar.)

Die Spannung wächst, und in wenigen Augenblicken weiß Puccini sie ergreifend zu steigern: die Vorbereitung auf die große Arie ist meisterlich. So wächst diese ganz organisch aus der träumerisch visionären Stimmung heraus, in der Butterfly lebt und die sie nun mit höchster Eindringlichkeit der treuen Suzuki zu übermitteln sucht. Diese Arie gehört zu den berühmtesten des Weltrepertoires, es gibt keine lyrische oder dramatische Sopranistin, die sie nicht mit Freuden und immer wieder erlebter Erregung sänge:

(Notenbeispiel S. 102)

100

Am Tage seines Abschieds
fragt ich schüchtern:
»O Herr, kommst du zurück?«
Da gab er schweren Herzens,
doch, sein Leid zu verbergen,
leise lächelnd die Antwort:
»O Butterfly,
mein süßes kleines Weibchen,
wenn die Rosen erblühen,
dann komme ich zu dir zurück,
wenn die Rotkehlchen
zwitschernd wieder ihr Nest
baun.«
(kniet in ruhiger Überzeugung
nieder)
Ja, er kommt.
Suzuki (ungläubig):
Vielleicht.
Butterfly (beharrlich):
Sag es mit mir:
Ja, er kommt.
Suzuki (traurig wiederholt sie ihr
zu Gefallen): Ja, er kommt . . .
(Sie weint.)
Butterfly (überrascht):
Weinst du? Warum? Warum?
Ach, du willst es nicht
glauben!
(mit lächelnder Zuversicht)
Höre!
(Butterfly spielt die Szene, als ob
alles sich wirklich abspiele und
Linkerton sich allmählich nä-
here.)

Quell'ultima mattina:
tornerete, signor? gli do-
mandai.
Egli, col cuore grosso,
per celarmi la pena
sorridendo rispose:
O Butterfly,
piccina mogliettina,
tornerò colle rose
alla stagion serena,
quando fa la nidiata il pettirosso.

(calma e convinta si sdraia per
terra)
Tornerà.
Suzuki (con incredulità):
Speriam.
Butterfly (insistendo):
Dillo con me:
Tornerà.
Suzuki (per compiacerla ripete,
ma con dolore): Tornerà . . .
(Scoppia in pianto.)
Butterfly (sorpresa):
Piangi? Perchè? Perchè?
Ah, la fede ti manca!

(fiduciosa e sorridente)
Senti.
(Fa la scena come se realmente vi
assistesse e si avvicina poco a po-
co allo shosi del fondo.)

(34)

Hier zu »analysieren«, wäre sinnlos und könnte nur den Zauber zerstören, den Puccini einzufangen wußte. Es ist eine große dramatische Szene. In ihrer Phantasie erlebt Butterfly den Augenblick, den sie als höchstes Lebensziel erwartet und ersehnt: vom Einlaufen des weißen Schiffes in den Hafen bis zu dem Augenblick, in dem sie die geliebte Stimme wieder hören wird mit all den zärtlichen Worten, die er ihr einst gesagt hatte. Sie würde nicht fähig sein, dem Geliebten entgegenzulaufen, da sie in ihrer ungeheuren Erregung einem Zusammenbruch nahe wäre.

102

Eines Tages sehn wir
ein Streifchen Rauch im Osten
überm Meer
in die Lüfte steigen.
Sein Schiff
wirst du erkennen.
Und das weiße Kriegsschiff
dreht bei im Hafen,
donnert den Salutschuß.
Siehst du: er kam wieder!
Ich geh ihm nicht entgegen.
O nein!
Ich steh dort
auf der Spitze des Hügels
und warte,
und dauert's auch lange,
bis er heraufkommt,
ich warte gerne.
Und plötzlich sehe ich
im Tal dort unten
ein Pünktchen sich bewegen,
das langsam sich uns nähert.
Ob er's ist? Ob er's ist?
Und wenn er dann gekommen:
was er sagt? Was er sagt?
Sicher rufet er Butterfly von
weitem.
Doch geb ich keine Antwort
und halte mich verborgen,
um ihn zu necken,
und auch, um nicht zu sterben
an der Freude!
Doch er schaut ängstlich
überall umher,
ruft ganz leis:
»Mein Schmetterling, wo bist
du?
O süße kleine Blume«,
die Namen unsrer ersten
sel'gen Tage.

Un bel dì, vedremo
levarsi un fil di fumo sul' –
l'estremo
confin del mare.
E poi la nave appare.
Poi la nave bianca
entra nel porto, romba il suo
saluto.
Vedi? È venuto!
Io non gli scendo incontro. Io
no. Mi metto
là sul ciglio del colle e aspetto,
e aspetto
gran tempo e non mi pesa
la lunga attesa.
E . . .uscito dalla folla cittadina
un uomo, un picciol punto
s'avvia per la collina.
Chi sarà? chi sarà?
e come sarà giunto?
che dirà? che dirà?
Chiamerà Butterfly dalla lontana.
Io senza dar risposta
me ne starò nascosta
un po' per celia, e un po' per
non morire
al primo incontro, ed egli al-
quanto in pena
chiamerà, chiamerà:
«Piccina mogliettina
olezzo di verbena»,
i nomi che mi dava al suo ve-
nire.

Großartig die Festigkeit, die der letzte Abschnitt annimmt: So ist es, so wird es sein –, der jubelnde Höhepunkt, von einem entfesselten Orchester jauchzend untermalt in den Tönen stärkster Zuversicht, die nur sehr langsam abklingt. Und die Atempause, die folgt, ist nicht nur ein kluger Zug, der hier mit einem Minimum an Störung den Applaus ermöglicht; sie ist auch psychologisch angebracht als Übergang zwischen der innerlich so hochgespannten Illusion und der rauhen Wirklichkeit, die später hereinbricht.

Kleine, schon früher mehrfach angedeutete Motive begleiten den Anfang der Szene zwischen Sharpless und Butterfly. Ehrlich erfreut zeigt sich Butterfly, verlegen aber Sharpless, denn die Aufgabe, die ihn hier erwartet, gehört bestimmt zu den schwierigsten seiner diplomatischen Laufbahn –, wenn sie darin überhaupt unterzubringen ist. Musikalisch sind in diesem (langen) Auftritt keine Wunder zu erwarten, hier muß der Text im Vordergrund stehen. Und die Arbeit der Librettisten Illica und Giacosa muß hier außerordentlich hoch bewertet werden: Sie müssen mehr als eine Viertelstunde vergehen lassen und sie mit Vorgängen und Konversation ausfüllen, bevor der dramatische Höhepunkt erreicht werden darf.

(zu Suzuki)
Alles dies wird geschehn,
du wirst es sehen.
Bleib du bei deinem Zweifel;
ich bleib bei meinem Glauben
und warte.
*(Butterfly und Suzuki umarmen
sich in tiefer Bewegung.)*
*(Butterfly entläßt Suzuki und
folgt der Hinausgehenden traurig
mit den Blicken.)*

*(Im Garten erscheinen Goro und
Sharpless. Goro späht ins Zim-
mer, sieht Butterfly und sagt zu
Sharpless:)*
Goro: Seht! Dort ist sie.
(Goro verschwindet im Garten.)
*Sharpless (klopft diskret an die
Wand im Hintergrund):*

Sie verzeihen . . .
*(Butterfly richtet sich auf, als sie
jemanden eintreten hört.)*
O Madame Butterfly . . .
*Butterfly (verbessert, ohne sich
umzuwenden):* Ich bin Frau
Linkerton. Bitte.
*(Sie wendet sich um, erkennt den
Konsul und klatscht erfreut in die
Hände.)*
   (heiter):
   Oh! Sie kommen zu mir
   herauf,
   o wie freu ich mich!
*(Suzuki kommt schnell herein
und bringt Rauchzeug herbei.)*

Sharpless (überrascht): Wir sahn
   uns lang nicht.

(a Suzuki)
Tutto questo avverà,
te lo prometto.
Tienti la tua paura, io con si-
cura
fede l'aspetto.
*(Butterfly e Suzuki si abbracciano
commosse.)*
*(Butterfly congeda Suzuki, che
esce dall'uscio di sinistra. Butter-
fly la segue mestamente collo
sguardo.)*
*(Nel giardino compaiono Goro e
Sharpless; Goro guarda entro la
camera, scorge Butterfly e dice a
Sharpless che lo segue:)*
Goro: C'è. Entrate.
   (Goro sparisce nel giardino.)
*Sharpless (affacciandosi, bussa
discretamente contro la parete
nel fondo):*
   Chiedo scusa . . .
*(Scorge Butterfly la quale udendo
entrare qualcuno si è mossa.)*
   Madama Butterfly . . .
*Butterfly (senza volgersi, ma cor-
reggendo):* Madama Pinker-
ton. Prego.
*(Si volge e riconoscendo il Conso-
le batte le mani per allegrezza.)*

   (allegramente):
   Oh! il mio signor Console,
   signor Console!

*(Suzuki entra premurosa e prepa-
ra un tavolino coll'occorrente per
fumare.)*
Sharpless (sorpreso): Mi ravvi-
   sate?

Butterfly (zeigt sich als Gastgeberin): Lieber Konsul,
Sie sind hier bei Amerikanern.
Sharpless: Danke.
Butterfly (lädt den Konsul ein, sich neben dem Tischchen niederzusetzen. Sharpless setzt sich umständlich auf ein Kissen. Butterfly läßt sich auf der anderen Seite des Tischchens nieder und lächelt etwas spöttisch hinter ihrem Fächer, als sie die Bemühungen des Konsuls bemerkt. Dann fragt sie mit großer Höflichkeit):
Nun denn: Ihre Ahnen,
alle heiter?
Sharpless (dankt lächelnd):
Ich hoffe.
Butterfly (gibt Suzuki ein Zeichen, die Pfeife zurechtzumachen): Sie rauchen?
Sharpless: Danke.
(Er zieht einen Brief aus der Tasche, um ihr den Zweck seines Besuches zu erklären.)
Und nun ...
Butterfly (unterbricht ihn, ohne den Brief zu beachten):
Herr Konsul,
wie blau ist doch der Himmel!
(tut einen Zug aus der Pfeife, die Suzuki ihr gereicht hat und bietet sie dem Konsul an)
Sharpless (lehnt ab): Danke ...
(versucht auf den Brief zu sprechen zu kommen)
Nun ...

Butterfly (facendo gli onori di casa): Benvenuto in casa americana.
Sharpless: Grazie.
Butterfly (invita il Console a sedere presso il tavolino. Sharpless si lascia cadere grottescamente su di un cuscino. Butterfly si siede dall'altra parte e sorride maliziosamente dietro il ventaglio vedendo l'imbarazzo del Console; poi con molta grazia gli chiede):

Avi, antenati
tutti bene?
Sharpless (ringrazia sorridendo):
Ma spero.
Butterfly (fa cenno a Suzuki di preparare la pipa):
Fumate?
Sharpless: Grazie.
(desideroso di spiegare lo scopo per cui è venuto, cava una lettera di tasca.)
Ho qui ...
Butterfly (interrompendolo, senza accorgersi della lettera):
Signore, io vedo
il cielo azzurro.
(Dopo aver tirato una boccata dalla pipa che Suzuki ha preparata, l'offre al Console)
Sharpless (rifiutando): Grazie ...
(tentando ancora di riprendere il discorso)
Ho ...

*Der Konsul versucht zum Motiv seines Besuchs zu kommen, ist
aber selbst noch viel zu unsicher über den Weg, den er einschla-
gen soll. Endlich hat er den entscheidenden Brief in der Hand,
das Orchester untermalt Butterflys Überraschung. Doch ehe
Sharpless noch fortfahren kann, bricht Butterfly nach der ersten
Frage, die Pinkertons Gesundheit gilt, in größte Freude aus.*

*Ehe der Konsul diesen Glücksausbruch unterbrechen kann, um
den Zweck seines Besuchs zu erklären, fragt ihn Butterfly – sich
der Worte Pinkertons erinnernd –, wann denn wohl in Amerika
die Rotkehlchen ihre Nester bauen (vergl. Nr. 33).*

Butterfly *(legt die Pfeife fort und fragt schnell):*
Ach, Sie wünschen sicher amerikanische Zigaretten?
(bietet Zigaretten an)
Sharpless *(nimmt ein wenig irritiert eine Zigarette):* Danke.
(versucht auf den Zweck seines Besuches zu kommen)
Ich bin gekommen...
(steht auf)
Butterfly *(reicht Sharpless ein brennendes Streichholz):*
Für Sie!
Sharpless *(zündet die Zigarette an, legt sie jedoch sofort wieder ab, nimmt wieder Platz und zeigt Butterfly den Brief):*
Es schrieb mir
Benjamin Franklin Linkerton...
Butterfly *(sehr schnell):*
Wahrhaftig?
Und wie geht's ihm?
Sharpless: Vorzüglich.
Butterfly *(erhebt sich freudig):*

Ich bin die glücklichste Frau im ganzen Lande.
(Suzuki bereitet Tee.)

Darf ich Sie wohl etwas fragen?
Sharpless: Gerne.
Butterfly *(setzt sich wieder):*
Wissen Sie, wann die Rotkehlchen
ihr Nest baun in Nordamerika?

Butterfly *(depone la pipa sul tavolino e assai premurosa dice):*
Preferite forse le sigarette Americane?...
(Ne offre.)
Sharpless *(un po' seccato ne prende una):* Grazie.
(e tenta continuare il discorso.)

Ho da mostrarvi...
(si alza)
Butterfly *(porge a Sharpless un fiammifero acceso):*
A voi.
Sharpless *(accende la sigaretta – ma poi la depone subito e presentando la lettera si siede sullo sgabello):*
Mi scrisse
Benjamin Franklin Pinkerton...
Butterfly *(con grande premura):*
Davvero!
È in salute?
Sharpless: Perfetta.
Butterfly *(alzandosi con grande letizia):*
Io son la donna
più lieta del Giappone.
(Suzuki è in faccende per preparare il thè.)
Potrei farvi una domanda?

Sharpless: Certo.
Butterfly *(torna a sedere):*
Quando fanno il lor nido in America
i pettirossi?

109

Sharpless (verblüfft): Ei, warum denn?

Butterfly: Nun, baun sie später als hier?

Sharpless: Doch warum?

(Goro, der im Garten umherging, kommt auf die Terrasse und lauscht ungesehen Butterflys Worten.)

Butterfly: Mein Gemahl
  hat mir versprochen,
  daß er zurückkommt
  in dem schönen Monat,
  in dem die Rotkehlchen
  wieder ihr Nest baun.
  Ach, wie so oft schon
  kam neu die Brut,
  doch er vergaß wohl,
  daß er einst selbst mir versprach,
  bald wiederzukommen.

(Goro läßt sich sehen und lacht laut.)

  (dreht sich um)
  Wer lacht da?
  (erblickt Goro)
  O dieser Goro!
  (leise zu Sharpless)
  Ein übler Bursche!

Goro (kommt näher, verneigt sich höflich): Ehrt mich . . .

Butterfly (zu Goro, der sich mit einer erneuten Verbeugung in den Garten zurückzieht: Stille!
  (zu Sharpless) Er hat mir . . .
  (unterbricht sich)
  Nein, geben Sie erst Antwort,
  Antwort auf meine Frage!

Sharpless (leicht verlegen): Ich bedaure,

Sharpless (stupito): Come dite?

Butterfly: Sì, . . . prima o dopo di qui?

Sharpless: Ma . . . perchè? . . .

(Goro, che si aggira nel giardino, si avvicina alla terrazza e ascolta, non visto, quanto dice Butterfly.)

Butterfly: Mio marito m'ha promesso
  di ritornar nella stagion beata
  che il pettirosso rifà la nidiata.
  Qui l'ha rifatta per ben tre volte, ma
  può darsi che di là
  usi nidiar men spesso.

(Goro s'affaccia e fa una risata.)

  (volgendosi)
  Chi ride?
  (Vedendo Goro.)
  Oh, c'è il nakodo.
  (piano a Sharpless)
  Un uom cattivo.

Goro (avanzandosi e inchiandosi ossequioso): Godo . . .

Butterfly (a Goro, che s'inchina di nuovo e si allontana nel giardino): Zitto.
  (a Sharpless) Egli osò . . .
  (cambiando idea)
  No, prima rispondete
  alla dimanda mia.

Sharpless (imbarazzato): Mi rincresce,

Vergeblich das Bemühen des Konsuls, Butterfly in ihrem Rede-
fluß zu unterbrechen ... Jetzt erzählt sie ihm von der »Schlech-
tigkeit« Goros, der sie – die Gattin Pinkertons – zur Ehe mit
einem anderen Mann bewegen wolle. Immer deutlicher erkennt
Sharpless, mit welchem unerschütterlichen Glauben die kleine
Japanerin an ihrem »Gatten« hängt.

Goro ist hinzugetreten und sucht seine Haltung zu rechtfertigen.
Als eine (etwas anfechtbare) dramatische Belebung lassen die
Librettisten hier den »reichen Yamadori« auftreten, der um
Butterflys Hand anhält, von ihr aber schroff zurückgewiesen
wird. Daß in dieser Szene dem Komponisten auch nicht viel
Wertvolles eingefallen ist, überrascht niemanden, am wenigsten
die Kenner Puccinis, die wissen, daß gerade er von Situationen
und Stimmungen der zu vertonenden Szenen besonders abhän-
gig war.

ich kann nicht,
niemals studiert ich
Ornithologie.
Butterfly: Orni . . .
Sharpless: . . . thologie.
Butterfly: Also, Sie wissen's auch
nicht.
Sharpless: Nein.
*(versucht wieder, auf sein The-
ma zu kommen)*
Aber weiter . . .
*Butterfly (unterbricht ihn, ihren
eigenen Gedankengang fortset-
zend):*
Ach ja, Goro!
Sobald nur B. F. Linkerton
in See war,
gab Goro keine Ruhe
mit Bitten und Geschenken,
bald für diesen,
bald für jenen mich zu werben.
Nun will er mich vermählen
mit einem seiner Kunden . . .
*Goro (tritt ins Zimmer, um sich
zu rechtfertigen, und wendet
sich an Sharpless):*
Dem reichen Yamadori!
Sie ist arm, ohne Mittel!
Und die Verwandtschaft
hat längst sie ja verstoßen.
*(In der Ferne sieht man den Für-
sten Yamadori in einer Sänfte, begleitet von Dienern.)*

*Butterfly (erblickt Yamadori und
macht Sharpless lächelnd auf
ihn aufmerksam):* Sehn Sie
nur, da kommt er!
*(Yamadori wird von Goro kniend
empfangen. Er verläßt die Sänfte*

ma ignoro . . .
Non ho studiato
ornitologia.
Butterfly: Orni . . .
Sharpless: . . . tologia.
Butterfly: Non lo sapete in-
somma.
Sharpless: No.
*(Ritenta di tornare in argo-
mento)*
Dicevamo . . .
*Butterfly (lo interrompe, seguen-
do la sua idea):*

Ah, sì. Goro,
appena F. B. Pinkerton fu in
mare
mi venne ad assediare
con ciarle e con presenti
per ridarmi ora questo,
or quel marito.
Or promette tesori
per uno scimunito . . .
*Goro (intervenendo per giustifi-
carsi, entra nella stanza e si rivolge a Sharpless):*
Il ricco Yamadori.
Ella è povera in canna.
I suoi parenti
l'han tutti rinnegata.
*(Al di là della terrazza si vede
giungere il Principe Yamadori in
un palanchino, attorniato dai
servi.)*

*Butterfly (vede Yamadori e lo in-
dica a Sharpless sorridendo):*
Eccolo. Attenti!

*(Yamadori, accolto da Goro ge-
nuflesso, scende dal palanchino,*

und begrüßt den Konsul und Butterfly, die sich in den Hintergrund zurückgezogen hat. Dann läßt er sich auf der Terrasse nieder und blickt ehrerbietig auf Butterfly, die sich niedergekniet hat.)
(zu Yamadori):
Yamadori, wie lang
quält Sie denn noch die Pein
enttäuschter Liebe?
Ich bedaure Ihren Kummer,
doch Sie kennen
meinen Standpunkt.
Yamadori: Muß ich stets vergeblich bitten,
haben Sie für mich nur Spott?
Butterfly (mit graziösem Spott):
Wieviel Frauen wären glücklich,
reichten ihnen Sie die Hand.
Yamadori: Habe manche schon geehlicht,
doch durch Scheidung ward ich frei.
Butterfly: Sehr verbunden!
Yamadori: Doch will ich Ihnen für immer angehören.
Sharpless (steckt seufzend den Brief in die Tasche):
Mit dem Brief, der mir so wichtig,
komm ich heute nicht zum Ziele.
Goro (emphatisch auf Yamadori weisend):
Reichtum, Diener, Einfluß!
In Omura ein Haus
von großem Zuschnitt.

saluta il Console e Butterfly, che si è avvicinata alla parete del fondo; Yamadori si siede sulla terrazza rivolto rispettosamente verso Butterfly la quale si inginocchia nella stanza.)
(a Yamadori)
Yamadori, ancor le pene
dell'amor, non v'han deluso?
Vi tagliate ancor le vene
se il mio bacio vi ricuso?

Yamadori: Tra le cose più moleste
è l'inutil sospirar.
Butterfly (con graziosa malizia):
Tante mogli omai toglieste,
vi doveste abituar.

Yamadori: L'ho sposate tutte quante
e il divorzio mi francò.

Butterfly: Obbligata.
Yamadori: A voi però
giurerei fede costante.
Sharpless (sospirando, rimette in tasca la lettera):
Il messagio, ho gran paura,
a trasmetter non riesco.

Goro (con enfasi indicando Yamadori):
Ville, servi, oro, ad Omara
un palazzo principesco!

Puccinis Orchesteruntermalung ist in der ganzen Szene völlig zweckentsprechend, sehr flüssig, durchlässig für das Verstehen des Textes, der gerade hier von großer Bedeutung ist. Denn er ist nicht nur klug, dramatisch wirksam und zur Erklärung des Dramas notwendig, er ist auch psychologisch richtig. Er ist ergreifend und führt unausweichlich zur Tragödie hin, da er die Unvereinbarkeit der Charaktere und Standpunkte aufzeigt.

Butterfly (mit Würde):
  Lieber Fürst,
  ich bin vermählt schon.
Goro und Yamadori (zu Sharp-
  less): Sie glaubt wirklich sich
  gebunden.
Butterfly (erhebt sich zornig):
  Nein, ich glaub es nicht,
  ich bin es!
Goro: Das Gesetz doch . . .
Butterfly: Das kenn ich nicht.
Goro: Wird die Ehefrau
  verlassen,
  ist die Scheidung schon
  perfekt.
Butterfly: Gesetz bei euch Japa-
  nern,
  doch nicht in meinem Lande.
Goro: Wo denn?
Butterfly: Dort in den Staaten.
Sharpless (für sich): Gott, wie
  verblendet![1]
Butterfly (in steigender Erre-
  gung):
  Wenn hier die Tür man öffnet
  und die Frau
  ohne weiteres hinauswirft,
  nennt man das einfach
  Scheidung.
  Dort in Amerika
  gibt's so etwas nicht.
  (zu Sharpless)
  Ist's so?
Sharpless (verlegen):
  So ist's . . . Jedoch . . .

Butterfly (con serietà):
  Già legata
  è la mia fede . . .
Goro e Yamadori (a Sharpless):
  Maritata ancor si crede.

Butterfly (alzandosi di scatto):
  Non mi credo: sono, sono.

Goro: Ma la legge . . .
Butterfly: Io non la so.
Goro: . . . per la moglie, l'abbandono
  al divorzio equiparò.

Butterfly: La legge giappo-
  nese . . .
  non già del mio paese.
Goro: Quale?
Butterfly: Gli Stati Uniti.
Sharpless (fra sè): Oh, l'infelice!

Butterfly (nervosissima, accalor-
  andosi):
  Si sa che aprir la porta
  e la moglie cacciar per la più
  corta
  qui divorziar si dice.
  Ma in America questo non si
  può.

  (a Sharpless)
  Vero?
Sharpless (imbarazzato):
  Vero . . . Però . . .

---

[1] Sharpless' Ausruf klingt im Original viel mitleid-
voller.

Butterfly *(unterbricht Sharpless
und wendet sich triumphierend
zu Yamadori und Goro):*
Dort gibt es Richter,
dort gibt es Gesetze.
Man fragt den Gatten:
»Scheidung begehren Sie,
was ist der Grund?«
»Ich will sie los sein,
bin ihrer müde!«
Drauf sagt der Richter:
(komisch)
»Sie sind ein Schurke!
Fort ins Gefängnis!«
*(zu Suzuki, um das Gespräch
zu beenden)*
Suzuki, Tee!
*(Butterfly geht zu Suzuki, die den
Tee bereitet hat, und gießt ihn in
die Tassen.)*
Yamadori *(leise zu Sharpless):*
Sie hörten?
Sharpless *(leise):* Es ist Zeit,
daß man ihr die ganze Wahr-
heit sagt.
Goro *(leise zu Sharpless und
Yamadori):* Schon gemeldet
ist das Schiff des Herrn Lin-
kerton.
Yamadori *(verzweifelt):* Sieht sie
ihn dann erst wieder . . .
Sharpless *(leise zu den beiden):*
Er will sich hier nicht zeigen.
Ich bin gekommen,
um ihr alles zu sagen . . .
*(sieht, daß Butterfly, gefolgt von
Suzuki, mit dem Tee kommt und
bricht das Gespräch ab)*

Butterfly *(lo interrompe rivolgen-
dosi a Yamadori ed a Goro,
trionfante):*
Là un bravo giudice
serio, impettito
dice al marito:
«Lei vuol andarsene?
Sentiam perchè?»
«Sono seccato
del coniugato!»
E il magistrato:
(comicamente)
«Ah, mascalzone,
presto, in prigione!»
*(per troncare il discorso ordina
a Suzuki):*
Suzuki, il thè.
*(Butterfly va presso Suzuki che ha
già preparato il thè e lo versa nelle
tazze.)*
Yamadori *(sottovoce a Sharpless):* Udiste?
Sharpless *(sottovoce):* Mi rattrista una sì piena cecità.
Goro *(sottovoce a Sharpless e
Yamadori):* Segnalata è già la
nave di Pinkerton.

Yamadori *(disperato):* Quand' –
essa lo riveda . . .
Sharpless *(sottovoce ai due):*
Egli non vuol mostrarsi.
Io venni appunto
per levarla d'inganno . . .
*(Vedendo che Butterfly, seguita
da Suzuki, si avvicina per offrire
il thè, tronca il discorso.)*

119

Endlich sind die »lästigen Leute« – wie Butterfly sie nennt –
gegangen, und sie kann mit dem Konsul den Brief des geliebten
Pinkerton lesen. Die Musik wird ernst, konzentriert (und zitiert

Butterfly (bietet Sharpless Tee an):
Hier ist Tee, lieber Konsul!
(öffnet ihren Fächer, zeigt verstohlen auf die beiden Japaner und sagt lachend)
Diese lästigen Leute!
(Yamadori erhebt sich, um zu gehen.)
Yamadori (seufzend):
Ich gehe.
Mein Herz ist schwer,
doch meine Hoffnung
geb ich nicht auf.
Butterfly: Adieu denn!
Yamadori (geht, kehrt aber nochmals um und tritt zu Butterfly):
Wenn Sie nur wollten ...
Butterfly: Sie wissen, daß ich nicht will!

(Yamadori verabschiedet sich von Sharpless, wendet sich seufzend zum Gehen, setzt sich in die Sänfte und entfernt sich samt seinen Dienern und Goro. Butterfly lacht immer noch hinter ihrem Fächer.)

Sharpless (setzt sich wieder, macht ein ernstes Gesicht und fordert Butterfly sehr respektvoll und mit leiser Bewegung auf, sich zu setzen. Er zieht erneut den Brief hervor):
Nun zu uns.
Ich möchte jetzt
mit Ihnen lesen
(weist auf den Brief)
diesen Brief von Linkerton.
Butterfly: Bitte!
(nimmt den Brief, ...)

Butterfly (offrendo il thè a Sharpless):
Vostra Grazia permette ...
(Apre il ventaglio e dietro a questo accenna ai due, ridendo)
Che persone moleste! ...
(Yamadori s'alza per andarsene.)

Yamadori (sospirando):
Addio.
Vi lascio il cuor pien di cordoglio:
ma spero ancor ...
Butterfly: Padrone.
Yamadori (s'avvia per andarsene, poi torna indietro presso Butterfly): Ah! se voleste ...
Butterfly: Il guaio è che non voglio ...

(Yamadori, dopo aver salutato Sharpless, sospirando, se ne va, sale nel palanchino e si allontana seguito dai servi e da Goro. Butterfly ride ancora dietro il ventaglio.)

Sharpless (siede sullo sgabello, assume un fare grave, serio, poi con gran rispetto ed una certa commozione invita Butterfly a sedere, e torna a tirar fuori di tasca la lettera):
Ora a noi.
Sedete qui.
Legger con me volete
(mostrando la lettera)
questa lettera?
Butterfly: Date.
(prendendo la lettera ...)

121

Phrasen aus dem Liebesduett des ersten Akts). Doch zuerst will Butterfly das Schreiben an die Lippen, an das Herz drücken... Das Orchester intoniert hier eine Melodie, die später (Nr. 42) zum Hauptthema des berühmten »Summchores« wird; hier begleitet sie Sharpless' Lektüre des Briefes, die immer wieder von der glückstrahlenden Butterfly unterbrochen wird.

Erst ihn küssen, *(küßt ihn . . .)*
ihn streicheln . . . *(und preßt
ihn ans Herz)*
*(sehr liebenswürdig zu
Sharpless)*
Sie sind wirklich
der Beste aller Menschen.
Nun bin ich stille.
*(gibt den Brief zurück und hört
mit größter Aufmerksamkeit
zu)*
Sharpless (liest):
»Herr Konsul, gehen Sie
zu meiner reizenden
Freundin . . .«
*Butterfly (kann nicht an sich hal-
ten und ruft voll Freude):*
Steht das wirklich so da?
Sharpless (ernst):
Ja, ganz genau so,
doch wenn bei jedem
Worte . . .
*Butterfly (beherrscht sich und
hört wieder zu):*
O, ich schweige und höre.
Sharpless: »Seit den glücklichen
Tagen,
vier Jahre mag es her
sein . . .«
Butterfly (unterbricht):
Wie genau er gezählt hat!
Sharpless (fährt fort):
»Kann sein, daß Butterfly
mich lange schon vergaß.«
*Butterfly (sehr verwundert zu
Suzuki):*
Ich ihn vergessen?
Ich leb ja nur für ihn!
*(wiederholt vorwurfsvoll die
Worte des Briefes)*

Sulla bocca, *(baciandola . . .)*
sul cuore . . . *(e mettendola sul
cuore)*
(a Sharpless, gentilmente)
Siete l'uomo migliore
del mondo.
Incominciate.
*(rende la lettera e si mette ad
ascoltare colla massima atten-
zione)*
Sharpless (leggendo):
«Amico, cercherete
quel bel fior di fanciulla . . .»
*Butterfly (non può trattenersi e
con gioia esclama):*
Dice proprio così?
Sharpless (serio):
Sì, così dice,
ma se ad ogni momento . . .
*Butterfly (rimettendosi tranquil-
la, torna ad ascoltare):*
Taccio, taccio, più nulla.
Sharpless: «Da quel tempo felice,
tre anni son passati.»
Butterfly (interrompe la lettura):
Anche lui li ha contati.
Sharpless (riprende):
«E forse Butterfly
non mi rammenta più.»
*Butterfly (sorpresa molto, vol-
gendosi a Suzuki):*
Non lo rammento?
Suzuki, dillo tu.
*(ripete come scandalizzata le
parole della lettera)*

Bis hierher untermalen die zart gezupften Streicherakkorde gemeinsam mit der Harfe das immer wieder unterbrochene Verlesen des Briefes. Jetzt verzweifelt Sharpless an seiner Aufgabe, eine energische Phrase des Orchesters besiegelt seinen Entschluß: Ohne jede Begleitung, fast gesprochen, trifft Butter-

»Mich lange schon vergaß!«
*(Suzuki geht mit dem Teegeschirr
hinaus.)*
Sharpless (für sich): Wie pein-
lich!
(liest weiter)
»Doch wenn sie mich noch
liebt
und erwartet . . .«
*Butterfly (nimmt Sharpless den
Brief fort und ruft voller Zärt-
lichkeit):*
O die zärtlichen Worte!
(küßt den Brief)
Sei mir gesegnet!
*Sharpless (nimmt den Brief zu-
rück und liest mit bewegter
Stimme weiter):*

». . . so bitte ich Sie dringend,
daß Sie die Kleine
zeitig und behutsam
vorbereiten . . .«
Butterfly (in freudiger Erregung):
So kommt er?
Sharpless: ». . . auf alles . . .«
*Butterfly (springt auf und klatscht
vor Freude in die Hände):*
Wann denn? Bald schon?
Bald schon?
Sharpless (ärgerlich):
Ich wußt es.
*(erhebt sich rasch und steckt
den Brief ein)*
(für sich)
Jedes Wort ist vergebens.
(ärgerlich)
Der Teufel hol den Linkerton!
(blickt Butterfly sehr ernst an)

«Non mi rammenta più!»
*(Suzuki esce per la porta di sini-
stra asportando il thè.)*
Sharpless (fra sè): Pazienza!

(seguita a leggere)
«Se mi vuol
bene ancor, se m' aspetta»

*Butterfly (prendendo la lettera
dalle mani di Sharpless, esclama con viva tenerezza):*
Oh le dolci parole!
(baciando la lettera)
Tu, benedetta!
*Sharpless (riprende la lettera e se-
guita a leggerle imperterrito,
ma con voce tremante per
l'emozione):*
«A voi mi raccomando
perchè vogliate con circospe-
zione
prepararla . . .»
Butterfly (con affanno, ma lieta):
Ritorna . . .
Sharpless: «al colpo . . .»
*Butterfly (si alza saltando di gioia
e battendo le mani):*
Quando?
Presto! Presto!
Sharpless (sbuffando):
Benone.
*(si alza di scatto e ripone la
lettera in tasca)*
(fra sè)
Qui troncarla conviene . . .
(indispettito)
Quel diavolo d'un Pinkerton!
*(guarda Butterfly negli occhi,
serissimo)*

fly wie ein Blitz die Bemerkung des Konsuls: »Was täten Sie, wenn er nie wieder käme?« Ein Paukenschlag in größter Lautstärke bekräftigt dieses wahrhafte Todesurteil.

Lange Pause, in der Butterfly sich mühsam unter unsagbarem Schmerz zu sammeln sucht. Zögernde, immer wieder abgesetzte Akkorde in den tiefen Holzbläsern. Und dann, zitternd, ihre Stimme:

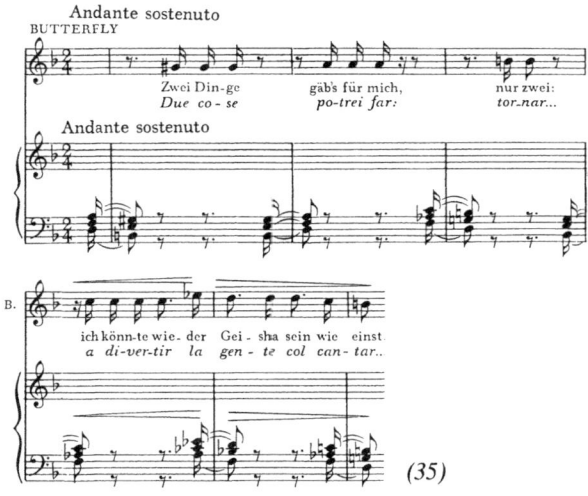

Die Akkorde werden länger, als kehre ein zu Tode erschreckter Mensch langsam wieder zum Leben zurück. Der Konsul versucht zu raten und zu trösten, aber seine Worte verletzen Butterfly so tief, daß sie ihn mit viel Würde verabschiedet.

126

Was würden Sie wohl tun,
meine liebe Butterfly,
wenn er zu Ihnen
nie mehr käm zurück?
Butterfly (bleibt unbeweglich;
tödlich getroffen antwortet sie
mit kindlicher Demut stam-
melnd):
Zwei Dinge gäb's für mich,
nur zwei:
Ich könnte wieder
Geisha sein wie einst ...
doch wär's besser zu sterben!

Ebbene, che fareste,
Madama Butterfly
s'ei non dovesse ritornar più
mai?
Butterfly (immobile, come colpita
a morte, china la testa e rispon-
de con sommessione infantile,
quasi balbettando):
Due cose potrei far:
tornar ... a divertir
la gente col cantar ...
oppur, ... meglio, morire.

Sharpless (ist sehr ergriffen und
geht erregt auf und ab; dann
tritt er zu Butterfly, nimmt ihre
Hände und sagt mit väterlicher
Zartheit):
Meinem Herzen tut es wehe,
Ihren Glauben zu zerstören.
Hören Sie auf meinen Rat-
schlag,
nehmen Sie den Yamadori.
Butterfly (zieht ihre Hände zu-
rück; mit tränenerstickter
Stimme):
Sie, Sie, mein Herr,
Sie raten mir das! ...
Sie?!

Sharpless (è vivamente commos-
so e passeggia agitatissimo, poi
torna verso Butterfly, le prende
le due mani e con paterna tene-
rezza le dice):
Di strapparvi assai mi costa
dai miraggi ingannatori.
Accogliete la proposta
di quel ricco Yamadori.

Butterfly (con voce rotta dal pian-
to e ritirando le mani):

Voi, voi, signor,
mi dite questo! ...
Voi?

Sharpless ist überaus betroffen und erkennt seine grausame Handlungsweise. Auch Butterfly bereut, schroff gewesen zu sein. Die Musik ist nun weich und traurig; sie malt den Schwächeanfall Butterflys, die sich dem Tode nahe fühlt. Die japanische Ganztonskala mit den auf- und absteigenden »übermäßigen« Akkorden wirkt hier ergreifender als je zuvor.

Ein plötzlicher Gedanke durchzuckt Butterflys Herz: Mit einem energischen Akkord reißt das Orchester ab.
Er hat sie vergessen? Mit ganzer Kraft hämmert nun das Orchester, während Butterfly ihr Kind aus dem Nebenzimmer holt, das

Sharpless (verwirrt): Großer
Gott,
was soll ich tun?
*Butterfly (klatscht in die Hände,
Suzuki erscheint):*
Komm, Suzuki,
komm, beeil dich,
der Herr Konsul will jetzt
gehn.
*Sharpless (wendet sich zum Ge-
hen):* Wie Sie wünschen . . .
*Butterfly (bereut ihre Handlungs-
weise, eilt zu Sharpless und hält
ihn schluchzend zurück):*
O verzeihn Sie,
ach, ich weiß nicht,
was ich sagte.
*(entläßt Suzuki, die in den Garten
geht)*
Sharpless (entschuldigt sich):
Ich war grausam,
kann's nicht leugnen.
*Butterfly (schmerzlich, die Hand
am Herzen):*
O, Sie taten mir so wehe,
(ermattend)
ach, so wehe,
ach, so wehe!
*(Sie wankt, Sharpless will sie stüt-
zen, doch sie beherrscht sich sofort wieder.)*
Danke, danke . . .
Ich war nah schon dem Tod,
doch geht's vorüber,
wie die Wolken
am Himmel sich verziehen . . .
(Ein Gedanke durchzuckt sie.)
Ah! Er vergaß mich?
*(Sie eilt in ein Nebenzimmer und
kehrt mit ihrem Kinde zurück. Sie*

Sharpless (imbarazzato): Santo
Dio,
come si fa?
*Butterfly (batte le mani e Suzuki
accorre):*
Qui, Suzuki,
presto presto,
che Sua Grazia se ne va.

*Sharpless (fa per avviarsi ad usci-
re):* Mi scacciate?
*Butterfly (pentita, corre a
Sharpless e singhiozzando lo
trattiene):*
Ve ne prego,
già l'insistere non vale.

*(Congeda Suzuki, la quale va nel
giardino.)*
Sharpless (scusandosi):
Fui brutale,
non lo nego.
*Butterfly (dolorosamente, por-
tandosi la mano al cuore):*
Oh, mi fate tanto male,
(affievolendosi)
tanto male,
tanto, tanto!
*(Butterfly vacilla, Sharpless fa per
sorreggerla, ma Butterfly si domi-
na subito.)*
Niente, niente! . . .
Ho creduto morir . . .
Ma passa presto
come passan le nuvole sul
mare . . .
(prendendo una risoluzione)
Ah! m'ha scordata?
*(Corre nella stanza di sinistra, poi
rientra trionfalmente tenendo il*

Motiv Nr. 9 und läßt es in einer gewaltigen Steigerung in ihrem Aufschrei gipfeln:

(36)

Auf einmal, nach langer »Konversationsmusik« ist Puccinis Begeisterung wieder da, seine glänzende Fähigkeit, menschliche – besonders weibliche – Herzensregung zu musizieren. Nun hat die vorher so kalte Szene plötzlich innige Gefühlswärme gewonnen und strebt einem neuen Höhepunkt zu.

trägt es auf der linken Schulter und zeigt es stolz Sharpless.)

suo bambino seduto sulla spalla sinistra e lo mostra a Sharpless gloriandosene.)

Und das hier? Und das hier?
Und das hier, kann er das auch
jemals vergessen?
(Sie setzt das Kind nieder und zieht es an sich.)
Sharpless *(bewegt):*
  's ist sein Kind?
Butterfly *(begleitet ihre Worte mit entsprechend hinweisenden Gesten):*
Sahen Sie jemals
bei Kindern hier in Japan
blaue Augen?
O schaun Sie!
Und seine schönen
blonden Haare!
Sharpless *(immer gerührter):*

Wie der Vater . . .
Und Linkerton weiß nichts?
Butterfly: Nein, nein.
  (leidenschaftlich)
Es kam erst, als er schon
drüben
in seinem großen Land war . . .
Herr Konsul . . .
  (liebkost das Kind)
Sie müssen schreiben,
er muß wissen,

E questo? . . . e questo? . . .
e questo egli potrà pure scor-
dare? . . .
(Depone il bambino a terra e lo tiene stretto a sè.)
Sharpless *(con emozione):*
Egli è suo?
Butterfly *(indicando mano mano):*

Chi vide mai
a bimbo del Giappon
occhi azzurrini?
E il labbro?
E i ricciolini
d'oro schietto?
Sharpless *(sempre più com-mosso):*
È palese.
E Pinkerton lo sa?
Butterfly: No. No.
  (con passione)
È nato quand'egli
stava in quel suo gran paese.
Ma voi . . .

(accarezzando il suo bimbo.)
gli scriverete che l'aspetta
un figlio senza pari!

Zum zweiten Mal in diesem Akt verdichten sich musikalisches und dramatisches Geschehen völlig folgerichtig und darum ergreifend in einer großen Arie:

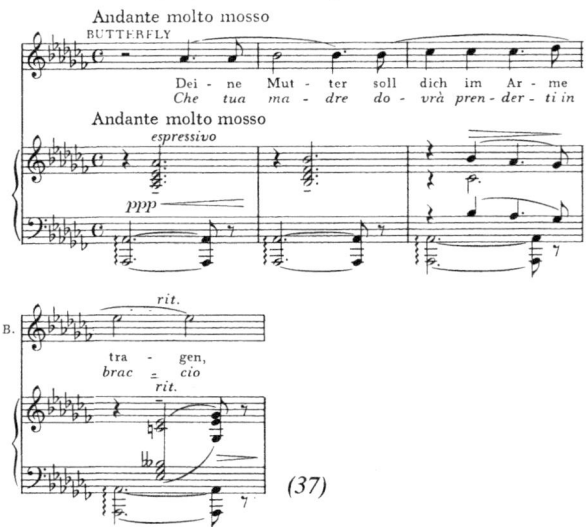

(37)

daß ihn ein Sohn erwartet!
Und dann kommt er zu mir,
nichts wird ihn halten,
er wird kommen, uns zu sehen!
*(setzt das Kind auf ein Kissen und
kniet bei ihm nieder. Sie küßt es
zärtlich.)*
Weißt du, was der böse Herr
(auf Sharpless weisend)
von dir und mir gedacht hat?
(mit dem Kind im Arm)
Deine Mutter
soll dich im Arme tragen,
bei Wind und Regen
soll sie mit dir die Stadt durch-
ziehn,
soll wieder tanzen
für die fremden Leute,
um Brot und Obdach soll sie
flehen,
die Hand zum Betteln ausge-
streckt!
Soll rufen: o hört mich,
o hört mich!
O gehet nicht vorbei,
o helfet einer Mutter
in ihrer Not,
der Hunger tut so weh!
*(erhebt sich; das Kind bleibt
auf dem Kissen sitzen und
spielt mit einer Puppe.)*
Soll Butterfly denn wirklich
so wie früher wieder Geisha
sein?!
Soll ich denn betteln gehn?
*(hebt das Kind auf und streckt
seine Hände zu bittenden
Gesten)*

e mi saprete dir s'ei non s'affretta
per le terre e pei mari!

*(mettendo il bimbo a sedere sul cu-
scino e inginocchiandosi vicino a
lui, bacia teneramente il bambino.)*
Sai cos'ebbe cuore
(indicando Sharpless)
di pensare quel signore?
(pigliando il bimbo in braccio)
Che tua madre dovrà prenderti
in braccio ed alla pioggia e al
vento
andar per la città
a guadagnarsi il pane e il vesti-
mento.[1]
Ed alle impietosite
genti, la man tremante stende-
rà! gridando:
Udite, udite
la triste mia canzon.
A un'infelice madre la carità,
muovetevi a pietà!

*(si alza, mentre il bimbo rima-
ne seduto sul cuscino giocando
con una bambola)*
E Butterfly, orribile destino,
danzerà
per te! E come fece già.

*(rialza il bimbo e colle mani
levate lo fa implorare.)*

---

[1] TV (Textvariante): Für »guadagnarsi« steht
auch »guadagnarti«.

133

*Auch hier ersteht, wenn die schauspielerischen Fähigkeiten der
Hauptdarstellerin es zulassen, viel mehr als ein Gesangsstück:
eine packende Szene voll tragischen Lebens, eine Extremsitua-
tion voll unsagbarem Schmerz, der nur noch in den Tod münden
kann. Und der Tod steht vor Butterflys Seele, unabwendbar:*

(38)

*Ein letzter Aufschrei, dann mühsam hervorgestoßen ihr eigenes
Todesurteil: »morta...« (Sterben). Puccini setzt mit einer leisen*

134

Soll mich im Tanze drehn?
Die heitren Lieder,
die einst ich sang,
sie enden nun in Schmerz und
Not!
(wirft sich vor Sharpless auf die
Knie)
Ich will nicht!
Niemals mehr will ich wie einst
vor fremden Menschen
tanzen!
Sterben! Sterben!
Doch Geisha nie!
Nein eher gäbe ich mir selbst
den Tod!

La Ghesha canterà!
E la canzon giuliva e lieta
in un singhiozzo finirà!

(buttandosi a' ginocchi davanti
a Sharpless)
Ah! no, no! questo mai!
questo mestier che al disonore
porta!
Morta! morta! Mai più danzar!
Piuttosto la mia vita vo'
troncar!

(fällt neben dem Kind nieder
und reißt es leidenschaftlich in
die Arme)

Ah! Sterben!

(Cade a terra vicino al bimbo
che abbraccia strettamente ed
accarezza con moto convul-
sivo)
Ah! morta!

135

Holzbläserkantilene fort, aber der Kapellmeister tut zumeist gut daran, Butterflys letztes Wort ohne Orchesterbegleitung bringen zu lassen: So hat der eventuell losbrechende Beifall (wie grausam ist er eigentlich und doch: wie »dazugehörig«!) Raum, ohne Musik zu zerstören.

Und erst später setzt das Orchester leise wieder ein, der zutiefst erschütterte Konsul kann sich bewegt verabschieden und vor seinem Gehen noch eine neue ergreifende musikalische Entwicklung einleiten. Butterfly übernimmt seine Frage nach dem Namen des Kindes.

Puccinis Begeisterung ist noch lange nicht abgeklungen. Man hört Butterflys heftigen Herzschlag in den pochenden Holzbläsern. In einer unaufhörlichen Steigerung geht es hinauf zum neuen Höhepunkt: »Gioia« - »Freude«! Die Hörner schmettern dazu das Motiv der großen Arie »Un bel di vedremo« (Nr. 34), das dann zu des Konsuls gerührten letzten Worten langsam verklingt.

Eine theaterwirksame, wenn auch dramatisch nicht notwendige Szene folgt, vielleicht, um die aufgehäuften inneren Spannungen durch Äußeres zu lockern. Suzuki ereifert sich über Goro, der immer wieder Lügen und Verleumdungen in die Welt setzt, um

Sharpless (den Tränen nahe):

Wie sie mich rührt!
(sich beherrschend)

Ich muß jetzt gehen.
Bitte verzeihn Sie ...
(Butterfly gibt Sharpless höflich die Hand, der sie mit beiden Händen herzlich drückt.)
Butterfly (legt eine Hand des Kindes in die von Sharpless):

Komm her,
gib ihm dein Händchen!
Sharpless: Die schönen blonden Haare!
(küßt ihn)
Sag mir, wie ist dein Name denn?
Butterfly (zum Kind, mit Grazie):
So sag ihm:
Heute noch lautet er »Betrübnis«,
jedoch schreiben Sie meinem Vater,
daß ich bei seiner Rückkehr »Freude« heiße,
(steht auf)
»Freude«, so heiß ich dann.

Sharpless: Dein Vater soll es wissen,
ich versprech's dir.
(grüßt Butterfly und geht schnell hinaus)
Suzuki (schreit hinter der Szene):
Warte, du verfluchte Kröte!

Sharpless (non può trattenere le lagrime):
Quanta pietà!
(vincendo la propria emozione)
Io scendo al piano.
Mi perdonate? ...
(Butterfly con atto gentile dà la mano a Sharpless che la stringe nelle sue con effusione.)
Butterfly (volgendosi al bimbo gli prende una mano e la mette in quella di Sharpless):
A te, dagli la mano.

Sharpless: I bei capelli biondi!

(Lo bacia.)
Caro: come ti chiamano?

Butterfly (al bimbo, con grazia infantile):
Rispondi:
Oggi il mio nome è «Dolore».
Però
dite al babbo, scrivendogli,
che il giorno
del suo ritorno
(alzandosi)
«Gioia», «Gioia» mi chiamerò.
Sharpless: Tuo padre lo saprà, te lo prometto.

(fa un saluto a Butterfly, ed esce rapidamente dalla porta di destra)
Suzuki (di fuori gridando):
Vespa! Rospo maledetto!

Butterfly zu diskreditieren und so Yamadori in die Arme zu treiben.

Butterfly bedroht ihn mit dem Dolch ihres Vaters –, kommt ihr in diesem Augenblick der erste Gedanke daran, wie sie ihrem Leben ein Ende bereiten könnte?

(Suzuki erscheint und zieht Goro mit sich, der vergeblich versucht, sich zu befreien. Goro schreit auf.)

Butterfly *(zu Suzuki):*
  Was gibt's?
Suzuki: Der böse Goro
  schleicht ums Haus hier,
  und alle Tage,
  in alle Winde
  schreit er hinaus,
  daß keiner weiß,
  wer unsres Kleinen Vater!
  (läßt Goro los)
Goro *(protestiert; ängstlich):*

  Ich sagte doch nur,
  daß dort in Amerika
  (geht auf das Kind zu und zeigt mit dem Finger darauf)
  ein Kind der Liebe,
  das aufwächst ohne Vater,
(Butterfly ist instinktiv vor das Kind getreten, um es zu schützen.)
  von allen Leuten
  stets wird gemieden und verachtet!
(Butterfly schreit wild auf, läuft zur Buddhastatue und ergreift den dort liegenden Dolch.)
Butterfly *(außer sich)*
  Ah! Du lügst ja, lügst ja,
  lügst ja, du lügst ja!
(Sie stürzt sich auf Goro, der zu Boden fällt. Sie will ihn töten. Goro schreit voller Verzweiflung laut auf.)
  Sag's noch einmal,
  so stirbst du!

(Suzuki entra trascinando con violenza Goro che tenta inutilmente di sfuggirle.)

Butterfly *(a Suzuki):*
  Che fu?
Suzuki: Ci ronza intorno
  il vampiro! e ogni giorno
  ai quattro venti
  spargendo va
  che niuno sa
  chi padre al bimbo sia!

  (Lascia Goro.)
Goro *(protestando, con voce di paura):*
  Dicevo ... solo ...
  che là in America
  (avvicinandosi al bambino e indicandolo)
  quando un figlio è nato maledetto
(Butterfly istintivamente si mette innanzi al bambino, come per difenderlo.)
  trarrà sempre reietto
  la vita fra le genti!

(Grido selvaggio di Butterfly, che corre presso al reliquario e prende il coltello che sta appeso.)
Butterfly *(con voce selvaggia):*
  Ah! tu menti! menti!
  menti! Ah! menti!
(afferra Goro, che cade a terra, e minaccia d'ucciderlo. Goro emette grida fortissime, disperate, prolungate.)
  Dillo ancora e t'uccido! ...

Die heftige Erregung klingt ab, Butterflys Gedanken wenden sich wieder zärtlich dem Kinde zu. Sie kann und will es noch nicht glauben, daß Pinkerton sie verließ: vielleicht kommt er doch noch und nimmt sie und ihr Kind fort, weit fort, fern allem Weh und aller Bosheit...

Vom Hafen her ertönt ein Kanonenschuß: ein Kriegsschiff muß eingelaufen sein. In äußerstem Pianissimo singen die Geigen Butterflys Erwartungsmotiv aus der großen Arie (Nr. 34). Langsam spielt das Orchester nun ausdrucksvoll die Melodien dieses Stückes, während Suzuki und Butterfly sich in fieberhafter Aufregung bemühen, mit dem Fernglas den Namen des Schiffes zu entziffern.

Suzuki (tritt zwischen die beiden; entsetzt über die Szene ergreift sie das Kind und eilt mit ihm hinaus): Nicht!
Butterfly (stößt Goro verächtlich mit dem Fuß fort): Geh fort!
(Goro läuft fort. Butterfly verbleibt in steinerner Unbeweglichkeit. Dann kommt sie wieder zu sich und trägt den Dolch an seinen Platz zurück.)
(in Gedanken an das Kind):
Mein Kind,
mein höchstes Gut!
Mein Leid und meine Zuflucht,
mein einziges Glück!
Ja, du wirst sehen,
dein Vater kommt zurück!
(immer erregter)
Er nimmt uns mit,
weit fort in sein Land,
in seine Heimat,
er zieht mit uns davon!
(Kanonenschuß)
Suzuki (kommt schnell herein):
Die Kanone im Hafen!
(Butterfly und Suzuki eilen auf die Terrasse.)
Das ist sicher ein Kriegsschiff...
Butterfly: Ja doch! Ja doch!
Und das Sternenbanner
weht von seinen Masten...
Sieh, es wendet und geht vor Anker.
(holt vom Tischchen ein Fernglas und läuft wieder auf die Terrasse, richtet zitternd vor Aufregung das Fernglas auf den Hafen und sagt zu Suzuki):

Suzuki (intromettendosi, poi, spaventata a tale scena, prende il bambino e lo porta nella stanza a sinistra): No!
Butterfly (presa da disgusto lo respinge col piede): Va via!
(Goro fugge. Butterfly rimane immobile come impietrita. Poi si scuote a poco a poco e va a ripor' il coltello.)
(volgendo commossa il pensiero al suo bambino):
Vedrai, piccolo amor,
mia pena e mio conforto,
mio piccolo amor.
Ah! vedrai
che il tuo vendicator!
(esaltandosi)
ci porterà lontano,
lontan, nella sua terra,
lontan ci porterà.

(Colpo di cannone.)
Suzuki (entrando affannosamente): Il cannone del porto!
(Butterfly e Suzuki corrono verso il terrazzo.)
Una nave da guerra...

Butterfly: Bianca... bianca...
il vessillo americano delle stelle... Or governa
per ancorare.

(prende sul tavolino un cannocchiale e corre sul terrazzo ad osservare; tutta tremante per l'emozione, appunta il cannocchiale verso il porto e dice a Suzuki):

Butterfly bricht endlich in Jubel aus: Es ist die »Abraham Lincoln«, sein Schiff! Alle, alle haben gelogen, sie und ihre Liebe haben es als einzige gewußt: da ist er, wiedergekehrt zu ihr, so wie sie ihn drei lange Jahre hindurch ersehnt hat . . .

Eine mitreißende, neue Melodie ist zu hören:

(39)

Suzukis Erwiderung, das melodische Spiel des Orchesters – eine der glücklichsten Eingebungen Puccinis.

Stütze mir die Hand,
daß ich seinen Namen lese!
Den Namen ...
den Namen!
Wußt ich's doch:
Abraham Lincoln!
*(gibt Suzuki das Fernglas und
kommt in großer Erregung wieder ins Zimmer)*
Ihr habt gelogen, alle, alle!
Doch ich wußt es immer,
weil ich ihn liebe!
(zu Suzuki)
Siehst du:
umsonst dein törichter
Zweifel!
Da ist er! Da ist er!
Gekommen grad an dem
Tage,
da ihr mir sagtet:
weine, verzweifle!
Und nun ist er da!
Ach, ich hab's ja gewußt,
daß er mich lieb hat:
er ist gekommen!
(läuft jubelnd auf die Terrasse)
(zu Suzuki, die ihr gefolgt ist)

Schüttle alle Zweige unsres
Kirschbaums,
(zärtlich)
streue Blumen umher!
Ich will im duftenden Regen
der Blüten
mich erquicken.
(schluchzend vor Freude)
Suzuki *(beruhigt sie):* O Herrin,
beruhige dich,
nicht weinen ...

Reggimi la mano
ch'io ne discerna
il nome, il nome, il nome.

Eccolo:
Abramo Lincoln!
*(dà il cannocchiale a Suzuki e
rientra nella stanza in preda a una
grande esaltazione)*
Tutti han mentito!
tutti! ... tutti! ... sol io
lo sapevo sol io che l'amo.
(a Suzuki)
Vedi lo scimunito
tuo dubbio. È giunto! è giunto
è giunto proprio nel punto
che ognun diceva: piangi e di-
spera.
Trionfa il mio amor! il mio
amor;
la mia fè trionfa intera!
Ei torna e m'ama!

(giubilante, corre sul terrazzo)
*(a Suzuki che l'ha seguita sul
terrazzo)*
Scuoti quella fronda di ciliegio

(con tenerezza)
e m'inonda di fior.
Io vo'tuffar nella pioggia odo-
rosa
l'arsa fronte.
(Singhiozzando per tenerezza)
Suzuki *(calmandola):* Signora,
quietatevi ... quel pianto ...

143

Langsam strömend, fließend geht die erste Melodie in eine zweite über:

(40)

Die beiden Frauenstimmen nähern sich einander, es entsteht ein Duett (»Blumenduett«), in dem ein wenig später auch Suzuki eine eigene Melodie erhält. Die Rhythmen sind beschwingt, sie gehen gewissermaßen von einer Melodie in die nächste über: der Gedanke, die beiden Frauen zu diesem Duett Blumen pflücken und damit die Stuben bestreuen zu lassen (wie die Autoren es vorschrieben) ist so schön und im Einklang mit der Musik, daß selbst der modernste Regisseur daran nicht rütteln sollte . . .

144

Butterfly (kommt mit Suzuki wieder herein):
Nein, sieh mich . . . lächeln!
Dauert es noch lang,
bis er kommt?
Was meinst du? Wie lang wohl?
Suzuki: Wer weiß . . .
Butterfly: Er kommt noch heute.
(läuft im Zimmer umher)
Voller Blumen sei unser Haus,
so wie der Himmel voll heller
Sterne . . .
(bedeutet Suzuki, in den Garten zu gehen. Suzuki geht, auf der Terrasse wendet sie sich nochmals um.)
Geh doch, geh!
Suzuki (von der Terrasse aus):
Alle Blumen?
Butterfly (zu Suzuki fröhlich):
Bring sie mir, alle Blumen!
Pflücke Veilchen und Jasmin!
Alles, was blüht im Garten,
bringe mir ins Haus!
Suzuki (im Garten, am Fuß der Terrasse):
Winterlich kahl und öd wird es
dann hier draußen sein.
(pflückt Blumen)
Butterfly: Ja, denn der ganze Frühling
soll hier im Hause blühn.
Suzuki (aus dem Garten):
Winterlich kahl und öd
wird es dann hier draußen sein.
(erscheint unten an der Terrasse und bringt Butterfly Blumen)

So nimm, o Herrin!

Butterfly (ritorna, con Suzuki, nella stanza):
No rido, rido! . . . Quanto
lo dovremo aspettar?
Che pensi? Un'ora?

Suzuki: Di più.
Butterfly: Due ore forse.
(aggirandosi per la stanza)
Tutto tutto sia pien di fior
come la notte è di faville . . .

(Accena a Suzuki di andare nel giardino. Suzuki si avvia; giunta sul terrazzo si rivolge a Butterfly:)
Va pei fior!
Suzuki (dal terrazzo): Tutti i fior? . . .
Butterfly (a Suzuki gaiamente):
Tutti i fior! tutti . . . tutti.
Pesco, viola, gelsomin,
quanto di cespo, o d'erba,
o d'albero fiorì.
Suzuki (nel giardino ai piedi del terrazzo):
Uno squallor d'inverno sarà
tutto il giardin.
(Coglie fiori nel giardino)
Butterfly: Tutta la primavera
voglio che olezzi qui.

Suzuki (dal giardino):
Uno squallor d'inverno sarà
tutto il giardin.

(appare ai piedi del terrazzo con un fascio di fiori che porge a Butterfly)
A voi signora.

Wie glücklich klingt nun Butterflys Stimme, wie innig dankbar! Das Orchester »singt« weiter, als die Stimmen für eine Zeitlang verstummen, voll Wohllaut und Poesie.

Nun vereinen sich die beiden Stimmen zu engem Zusammenklang, die Melodie gewinnt immer neuen, höheren Schwung, Butterfly und Suzuki singen aus übervollem Herzen eines der berühmtesten Duette der Opernliteratur.

Butterfly (nimmt Suzuki die Blumen ab):
Pflücke mir mehr noch!
(Butterfly verteilt die Blumen in verschiedene Vasen; Suzuki geht wieder in den Garten.)
Suzuki (aus dem Garten): Wie oft hast du vom Garten
aufs Meer hinausgesehen,
weinend, verzweifelnd,
weil nie sein Schiff sich blicken ließ!
Butterfly: Lang mußt ich warten,
nichts mehr will ich vom Meere.
Tränen gab ich der Erde,
schenke sie Blumen mir!
Suzuki (erscheint wieder, die Arme voll Blumen, auf der Terrasse):
Leer der Garten!
Butterfly: Leer der Garten?
Komm und hilf mir!
(Butterfly und Suzuki streuen Blumen umher.)
Suzuki: Mögen Rosen ihn empfangen!
Butterfly und Suzuki:
Leuchtende Frühlingsblumen
duften im Hause hier.
Butterfly: Er soll Schönheit finden hier,
Butterfly und Suzuki: Schönheit find er hier!
(immer Blumen umherstreuend)
Butterfly: Leuchtende Frühlingsblumen
duften im Hause hier!

Butterfly (prendendo i fiori dalle mani di Suzuki):
Cogline ancora.
(Butterfly dispone i fiori nei vasi, mentre Suzuki scende ancora nel giardino.)
Suzuki (dal giardino): Soventi a questa siepe veniste a riguardare
lungi, piangendo nella deserta immensità.

Butterfly: Giunse l'atteso,
nulla più chiedo al mare;
diedi pianto alla zolla,
essa i suoi fior mi dà.

Suzuki (appare nuovamente sul terrazzo con le mani piene di fiori):
Spoglio è l'orto.
Butterfly: Spoglio è l'orto?
Vien, m'aiuta.
(Butterfly e Suzuki spargono fiori ovunque.)
Suzuki: Rose al varco della soglia.
Butterfly e Suzuki:
Tutta la primavera
voglio che olezzi qui.
Butterfly: Seminiamo intorno april.
Butterfly e Suzuki: Seminiamo april.
(gettando fiori)
Butterfly: Tutta la primavera
voglio che olezzi qui ...

*Auf dem Höhepunkt werden die Worte für beide Stimmen die
gleichen, die Intervalle geradezu volksliedhaft:*

(Fortsetzung des Notenbeispiels S. 150)

Suzuki: Leuchtende Frühlingsblumen
hier im Hause.
Lilien? Veilchen?
Butterfly: Nur Schönheit soll hier
strahlen!
Butterfly und Suzuki: Er soll
Schönheit finden hier!
Butterfly: Und auch sein Bildnis
will ich schmücken
mit Verbenen und mit Veilchen.
Suzuki: Lilien, Rosen, Veilchen,
bunte Frühlingsblumen,
Butterfly und Suzuki:
alle[1] sollen einzig
nur für ihn hier leuchtend
blühn!
*(Sie streuen weiter Blumen und
wiegen dabei die Körper wie in
einem anmutigen Tanz.)*
Mit vollen Händen streun wir
Veilchen und Tuberosen,
die Blüten der Verbenen,
strahlende Frühlingspracht.

Suzuki: Tutta la primavera,
tutta, tutta.
Gigli? . . . viole? . . .

Butterfly: Intorno, intorno
spandi.
Butterfly e Suzuki: Seminiamo
intorno april.
Butterfly: Il suo sedil
di convolvi s'inghirlandi.

Suzuki: Gigli, rose spandi
tutta la primavera,
Butterfly e Suzuki:
Gigli e viole[1] spandi,
seminiamo intorno april!

*(gettando fiori mentre colla perso-
na seguono il ritmo con un blando
ondeggiare di danza.)*
Gettiamo a mani piene
mammole e tuberose
corolle di verbene,
petali d'ogni fior!

---

[1] Butterfly sagt »alle Blumen«.

[1] Hier fügt Butterfly ein »intorno« ein.

(41)

*Auch diese lyrische Melodie muß ausschwingen und in einem
Orchesternachspiel verklingen.*

*Dann wird die Musik nachdenklicher. Butterfly bittet nun
Suzuki, sie zu schmücken, erschrickt jedoch bei einem Blick in
den Spiegel: die lange Zeit des Wartens, die große Sehnsucht
haben Spuren in ihrem Gesicht hinterlassen. Hundert Gedanken
gehen ihr durch den Kopf . . .*

(Suzuki stellt zwei Lampen neben den Toilettentisch, bei dem Butterfly niederkniet.)
Butterfly *(zu Suzuki):* So schmücke nun auch mich!
(Die Dämmerung beginnt.)
Nein! Bringe erst noch das Kind her!
(Suzuki bringt das Kind und setzt es neben Butterfly nieder. Diese betrachtet sich im kleinen Handspiegel und sagt traurig):

Ich bin verwandelt.
Allzuviel Sehnsucht
hat müd mich gemacht,
die Augen haben wohl
zu viel Tränen vergossen.
(zu Suzuki)
Gib für die Wangen
mir ein wenig Schminke!
(färbt mit einem Pinsel die Wangen ihres Kindes etwas rot)
Und auch hier unserm Kleinen,

(Suzuki dispone due lampade vicino alla toeletta dove si accoscia Butterfly.)
Butterfly *(a Suzuki):* Or vienmi· ad adornar.
(Comincia il tramonto.)
No. Pria, portami il bimbo.

(Suzuki va nella stanza a sinistra e porta il bambino che fa sedere vicino a Butterfly, mentre questa si guarda in un piccolo specchio a mano e dice tristemente):
Non son più quella! . . .
Troppi sospiri la bocca mandò
e l'occhio riguardò
nel lontan troppo fiso.

(a Suzuki)
Dammi sul viso
un tocco di carminio . . .
(Prende un pennello e mette del rosso sulle guance del suo bimbo.)
ed anche a te, piccino,
perchè la veglia non ti faccia

*Eine Melodie aus dem Liebesduett des ersten Akts (Nr. 21)
kommt Butterfly in den Sinn, während Suzuki ihr das Brautkleid
anzieht.*

daß sein Gesichtchen dann
nicht gar zu blaß wird,
wenn wir lange hier warten.
Suzuki (bedeutet Butterfly stillzu-
halten): Nun halte stille,
sonst kann ich das Haar
dir nicht richten.
Butterfly (übermütig
lächelnd):
Was wird er sagen,
der böse Priester?
(etwas verärgert)
Waren doch alle froh,
daß mir's schlecht ging!
(lächelnd)
Und Yamadori
seufzt nun nicht länger!
Blamiert sind sie alle,
die einst vor der Heirat mich
warnten!

Suzuki (hat die Toilette beendet):
Bin fertig!
Butterfly (zu Suzuki):
Bring das Kleid,
das ich als Braut trug
Selge Erinnrung!
(Butterfly legt ihr Gewand an. Su-
zuki hüllt das Kind in eines mit
weiten und leichten Falten.)

Er soll mich wiedersehn,
so wie er mich damals sah!
(zu Suzuki, die mit dem An-
kleiden des Kindes fertig ist)
Eine rote Mohnblüte in die
Haare . . .
(Suzuki steckt eine Blume in But-
terflys Haar, die befriedigt nickt.)
So recht.

vôte
per pallore le gote.

Suzuki (invitandola a stare tran-
quilla): Non vi movete
che v'ho a ravviare i capelli.

Butterfly (sorridendo a questo
pensiero):
Che ne diranno! . . .
E lo zio Bonzo? . . .
(con una punta di stizza)
Già del mio danno
tutti contenti! . . .
(sorridente)
E Yamadori
coi suoi languori!
Beffati,
scornati,
spennati
gli ingrati!
Suzuki (ha terminato la toeletta):
È fatto.
Butterfly (a Suzuki):
L'obi che vestii da sposa.
Qua ch'io lo vesta.

(Mentre Butterfly indossa la ve-
ste, Suzuki mette l'altra al bambi-
no, avvolgendolo quasi tutto nelle
pieghe ampie e leggiere.)
Vo' che mi veda indosso
il vel del primo dì
(a Suzuki, che ha finito d'abbi-
gliare il bambino.)
E un papavero rosso nei capelli . . .
(Suzuki punta il fiore nei capelli
di Butterfly, che se ne compiace.)
Così.

*Es wird langsam dunkel. Ob er heute noch kommt? Wie »drei
kleine Mäuschen« wollen sie durch die Lücken des japanischen
Wandschirms hinunterschauen auf den Hafen, sie, Suzuki und
das Kind . . .*

*Aus der Ferne werden weiche, träumerische Stimmen vernehm-
bar, verdichten sich zu einer sehnsüchtigen, fast unwirklichen
Melodie:*

(Notenbeispiel S. 156)

154

(Sie gibt Suzuki mit kindlicher Grazie ein Zeichen, den Tscho-ji zu schließen.)
(Es ist Abend.)
In den Tscho-ji
mach ich drei kleine Löcher,
um durchzuschaun.
Wir warten stille
wie drei kleine Mäuschen,
bis wir ihn sehn.
(Suzuki schließt den Tscho-ji im Hintergrund. Es wird mehr und mehr Nacht.)
(Butterfly führt das Kind zum Tscho-ji.)
(Butterfly macht drei Löcher in den Tscho-ji: eines oben für sich, ein anderes etwas tiefer für Suzuki, ein drittes ganz unten für das Kind, das sie auf ein Kissen setzt. Sie bedeutet ihm, hinauszuschaun. Suzuki bringt die beiden Lampen zum Tscho-ji, hockt sich nieder und späht ebenfalls hinaus. Butterfly blickt ohne Bewegung, starr wie eine Statue, hinaus, das Kind, zwischen seiner Mutter und Suzuki, zeigt deutlich Neugier.)

(Es ist Nacht. Der Mond strahlt auf den Tscho-ji.)
Chor *(hinter der Szene, entfernt, mit geschlossenem Mund).*

(con grazia infantile fa cenno a Suzuki di chiudere lo shosi.)

(è sera)
Nello shosi or farem tre forellini
per riguardar,
e starem zitti come topolini
ad aspettar.

(Suzuki chiude lo shosi nel fondo, mentre scende sempre più la notte.)
(Butterfly conduce il bambino presso lo shosi.)
(Butterfly fa tre fori nello shosi: uno alto per sè, uno più basso per Suzuki ed il terzo ancor più basso pel bimbo, che fa sedere su di un cuscino, accennandogli di guardare attento fuori del foro preparatogli. Suzuki dopo aver portato le due lampade vicino allo shosi, si accoscia e spia essa pure all' esterno: Butterfly si pone innanzi al foro più alto e spiando da esso rimane immobile, rigida come una statua; il bimbo, che sta fra la madre e Suzuki, guarda fuori curiosamente.)
(È notte; i raggi lunari illuminano dall'esterno lo shosi.)
Coro *(interno, lontano, a bocca chiusa).*

155

(42)

Ein unendlich leiser, aber einer der stimmungsvollsten Akt-
schlüsse, den je ein Opernkomponist ersann.

(Das Kind schläft ein und sinkt auf sein Kissen. Auch Suzuki wird vom Schlaf überwältigt, bleibt jedoch in hockender Stellung. Nur Butterfly bleibt bewegungslos aufrecht stehen.)

(Il bimbo si addormenta, rovesciandosi all'indietro, disteso sul cuscino e Suzuki si addormenta pure, rimanendo accosciata: solo Butterfly rimane sempre ritta ed immobile.)

Mit dem energisch auffahrenden Motiv Nr. 8. (aus dem ersten Akt) setzt das Vorspiel zum dritten ein. Es hätte wenig Sinn, für jede Phrase tonmalerische oder programmatische Ursachen zu suchen. Vielleicht handelt Puccini hier einfach nach dem »praktischen« Grundsatz, auf einen sehr stillen Aktschluß einen lebhaften Neubeginn folgen zu lassen.

Nach einer Reihe kurzer Motivzitate findet das Orchester sich zu einer neuen und weitgeschwungenen Melodie, die ein auffallend ausgebreitetes Instrumentalstück darstellt: In einen ruhig dahinfließenden, melodischen Strom münden immer wieder Anklänge an das große Liebesduett des ersten Akts. Es wäre nicht schwer, dieses Orchesterstück als Interpretation der langen Nachtstunden zu verstehen, die sich dahinziehen, und in denen Butterflys Gedanken zurückgehen zu jener schon drei Jahre zurückliegenden ersten Liebesnacht. Zugleich sind sie voller Erwartung und Bangen, denn der folgende Tag muß die Entscheidung ihres Lebens bringen.

Der Vorhang geht auf, in der Ferne ist ein Männerchor zu hören. Völlig übermüdet, kaum noch ihrer Kräfte mächtig, harrt Butterfly am Ausguck zum Hafen, von wo aus die lebhaften Stimmen der Matrosen hörbar werden. Suzuki und das Kind sind längst eingeschlafen. Langsam dämmert der Morgen, erste Vogelstimmen erwachen. Das Orchester belebt sich immer mehr und begleitet den Sonnenaufgang über der Bucht von Nagasaki.

Im ersten Tageslicht erwacht Suzuki. Sie veranlaßt die beinahe ohnmächtige Butterfly, sich ein wenig niederzulegen.

DRITTER AKT
Inneres von Butterflys Haus

ATTO TERZO
Interno della casa di Butterfly

(Butterfly blickt, noch immer bewegungslos, hinaus. Das Kind liegt schlafend auf seinem Kissen, auch Suzuki schläft.)
Matrosen (vom Meer her, sehr entfernt):
  Ohe! Ohe! Ohe! Ohe!

  (Man hört Schiffsgeräusche.)

(Vogelgezwitscher im Garten. Der Morgen dämmert. Es wird heller. Morgenrot.)
  (Die Sonne geht auf.)
Suzuki (erwacht plötzlich):

  Die Sonne . . .
  (erhebt sich, berührt Butterfly an der Schulter)
  Tscho-tscho-san . . .
Butterfly (bewegt sich; mit vertrauensvollem Ausdruck): Er kommt . . . Du wirst es sehn.

(Butterfly, sempre immobile, spia al di fuori: il bimbo, rovesciato sul cuscino, dorme e dorme pure Suzuki, ripiegata sulla persona.)
Marinai (dalla baia, lontanissimi):
  Oh eh! oh eh!
  oh eh! oh eh!
(Rumori di catene di ancore e di manovre marinaresche.)
(Fischi d'uccelli dal giardino. Comincia l'alba. L'alba sorge rosea. Spunta l'aurora.)
  (Al di fuori risplende il sole.)
Suzuki (svegliandosi di soprassalto):
  Già il sole! . . .
  (Si alza va verso Butterfly e le batte sulla spalla)
  Cio-cio-san . . .
Butterfly (si scuote e fidente dice):
  Verrà, . . . verrà, vedrai.

*Das Orchester intoniert unendlich zart die Melodie eines Wie-
genlieds. Butterfly übernimmt sie und singt leise und innig vor
sich hin:*

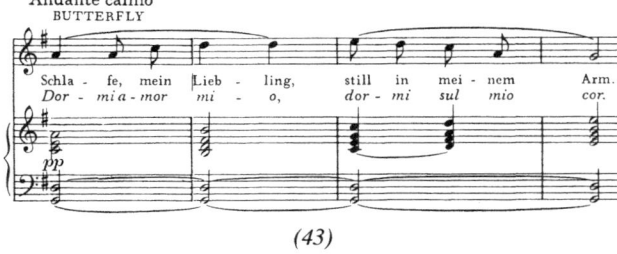

(43)

*Saiteninstrumente (Streicher und Harfe) begleiten ihren Gesang,
er verklingt im Nebengemach, wo Butterfly sich zur Ruhe begibt.*

*Eine getragene, sehnsüchtige Melodie zieht im Orchester vorbei
und begleitet – eigentlich überraschend – den Auftritt Pinkertons
und des Konsuls: der Psychologe Puccini weiß hier die Erregung
zu unterdrücken. Nur Suzuki spürt sie und ahnt die furchtbare
Entscheidung. Butterfly hingegen erlebt in kurzem Schlummer
einen glückseligen Traum von Liebe.*

(Butterfly nimmt das schlafende Kind auf die Arme und trägt es in den Nebenraum.)
Suzuki: So gehe nun hinein,
    und leg dich schlafen,
    und wenn er ankommt,
    weck ich dich auf.
Butterfly *(entfernt sich langsam):*
    Schlafe, mein Liebling,
    still in meinem Arm.
    Du bist im Himmel
    und ich bei meinem Schmerz.
    Des Morgens Gold
    umstrahlt dich hell.
    Schlafe, mein Liebling!
Suzuki *(schüttelt traurig den Kopf):*
    Ach, arme Butterfly.
Butterfly *(ist abgegangen; man hört nur noch ihre Stimme):*
    Schlafe, mein Liebling,
    still in meinem Arm!
    (immer entfernter)
    Du bist im Himmel
    und ich bei meinem Schmerz.
        (verhallend)
Suzuki *(kniet vor der Buddha-Statue):*
    Ach, arme Butterfly!
    (Leises Klopfen am Eingang)

Suzuki: Wer klopft da?
        (Es klopft stärker.)
    (öffnet den Tscho-ji im Hintergrund und schreit überrascht):

Oh!

(Vede il bimbo addormentato e lo prende sulle braccia, avviandosi verso la stanza a sinistra.)
Suzuki: Salite a riposare,
    affranta siete . . .
    al suo venire . . .
    vi chiamerò.
Butterfly *(salendo la scaletta):*
    Dormi amor mio,
    dormi sul mio cor.
    Tu sei con Dio
    ed io col mio dolor.
    A te i rai
    degli astri d'or:
    Bimbo mio, dormi!
Suzuki *(mestamente, crollando la testa):*
    Povera Butterfly.
Butterfly *(Entra nella camera a sinistra.)*
    (voce un poco lontana):
    Dormi amor mio,
    dormi sul mio cor.
    (voce più lontana)
    Tu sei con Dio
    ed io col mio dolor.
        (perdendosi)
Suzuki *(si inginocchia innanzi al simulacro di Budda):*
    Povera Butterfly!
(Si batte lievemente all'uscio d'ingresso)
Suzuki: Chi sia? . . .
        (Sie batte più forte.)
    (Va ad aprire lo Tscho-ji nel fondo e grida per la grande sorpresa):
    Oh!

Bewegung kommt hier in das Orchester, als Suzuki sich anschik-
ken will, ihre Herrin zu wecken. Sie steigert sich, als Suzuki im
Garten eine fremde Dame erblickt und der Konsul ihr die
Wahrheit sagt: es ist Pinkertons Gattin.

Sharpless *(auf der Schwelle, winkt Suzuki zu schweigen):* Pst!

Linkerton *(bedeutet Suzuki zu schweigen):* Stille! Stille!

Sharpless: Stille! Stille!

(Linkerton und Sharpless treten auf den Fußspitzen ein.)

Linkerton *(dringlich zu Suzuki):* Weck sie nicht auf!

Suzuki: Sie war wirklich sehr müde!
Sie hat auf Sie gewartet
die ganze Nacht mit dem Kleinen.

Linkerton: Doch woher weiß sie . . .?

Suzuki: Es läuft in all den Jahren kein Schiff in den Hafen,
dessen Namen sie nicht kennt.
Sie hat immer
auf Sie nur gewartet.

Sharpless *(zu Linkerton):* Wie ich's sagte!

Suzuki *(will gehen):* Ich ruf sie . . .

Linkerton *(hält Suzuki zurück):* Nein, nein, noch nicht!

Suzuki *(auf die Blumen deutend):* Sehn Sie selber,
sie schmückte das Häuschen überall mit Blumen.

Sharpless *(bewegt):* Wie ich's sagte!

Linkerton *(verwirrt):* Was tat ich!

Suzuki *(hört ein Geräusch im Garten, schaut hinaus und ruft verwundert):*
Wer ist dort draußen im Garten?

Sharpless *(sul limitare dell'ingresso fa cenni a Suzuki di silenzio):* Stz!

Pinkerton *(raccomanda a Suzuki di tacere):* Zitta! zitta!

Sharpless: Zitta! zitta!

(Pinkerton e Sharpless entrano cautamente in punta di piedi.)

Pinkerton *(premurosamente a Suzuki):* Non la destar.

Suzuki: Era stanca sì tanto!
Vi stette ad aspettare
tutta la notte col bimbo.

Pinkerton: Come sapea?

Suzuki: Non giunge
da tre anni una nave nel porto,
che da lunge
Butterfly non ne scruti il color,
la bandiera.

Sharpless *(a Pinkerton):* Ve lo dissi?! . . .

Suzuki *(per andare):* La chiamo . . .

Pinkerton *(fermando Suzuki):* No: non ancor.

Suzuki *(indicando la stanza fiorita):*
Lo vedete ier sera,
la stanza volle sparger di fiori.

Sharpless *(commosso):* Ve lo dissi? . . .

Pinkerton *(turbato):* Che pena!

Suzuki *(sente rumore nel giardino, va a guardare fuori ed esclama con meraviglia):*
Chi c'è là fuori nel giardino? . . .

Die treue Dienerin bricht mit einem Schrei wie betäubt zusammen. Sie weiß, daß Butterfly diesen Schmerz nicht überleben wird.

Auch Pinkerton ist aufs tiefste bestürzt und bringt vor Reue lange kein Wort hervor. Nur kurze Phrasen tauchen im Orchester, das über lange Strecken vollständig schweigt, auf.

164

Eine Dame?

(Linkerton holt Suzuki in das Zimmer zurück und bedeutet ihr, leise zu sein.)

Linkerton: Stille!

Suzuki (erregt): Wer ist's? Wer ist's?

Sharpless (zu Linkerton): Sagen Sie ihr die Wahrheit!

Suzuki (bestürzt): Wer ist's? Wer ist's?

Linkerton (verlegen): Sie kam mit mir hierher.

Suzuki: Wer ist's? Wer ist's?

Sharpless (mit verhaltenem Nachdruck, aber bestimmt): Seine Frau ist's!

Suzuki (bricht wie betäubt zusammen):

Heilige Seelen der Ahnen!
Für die Arme verlosch das Licht!

Sharpless (hebt Suzuki mit Gesten der Beruhigung wieder auf):
So früh schon sind wir hierher gekommen,
allein mit dir zu sprechen,
Suzuki, und um gemeinsam
mit dir zu beraten,
wie man ihr hilft.

Suzuki (verzweifelt): Was hülf ich?

(Sharpless nimmt Suzuki beiseite und sucht sie zu überzeugen und ihre Zustimmung zu erhalten, während Linkerton immer erregter im Zimmer umhergeht.)

Una donna!! . . .

(Pinkerton va da Suzuki e la riconduce sul davanti, raccomandandole di parlare sottovoce.)

Pinkerton: Zitta!

Suzuki (agitata): Chi è? chi è?

Sharpless (a Pinkerton): Meglio dirle ogni cosa . . .

Suzuki (sgomenta): Chi è? chi è?

Pinkerton (imbarazzato): È venuta con me.

Suzuki: Chi è? chi è?

Sharpless (con forza repressa ma deliberatamente): È sua moglie!

Suzuki (sbalordita, alza le braccia al cielo, poi si precipita in ginocchio colla faccia a terra):
Anime sante degli avi!
Alla piccina s'è spento il sol!

Sharpless (calma Suzuki e la solleva da terra):

Scegliemmo quest'ora mattutina
per ritrovarti sola,
Suzuki, e alla gran prova
un aiuto,
un sostegno cercar con te.

Suzuki (desolata): Che giova?

(Sharpless prende a parte Suzuki e cerca colla persuasione di averne il consenso, mentre Pinkerton, sempre più agitato, si aggira per la stanza ed osserva.)

*Sharpless, der mühsam Haltung bewahrt und sein gutes, mitfüh-
lendes Herz zeigt, rafft sich zu einer sehr lyrischen, ausdrucksvollen Melodie auf:*

(44)

*Es entwickelt sich ein Terzett, das sich zu starker Erregung
steigert: Suzuki, verzweifelt, denkt nur an ihre Herrin, für die auf
immer »das Licht verlosch«; Sharpless versucht sie zu überzeugen, daß es vor allem das Kind zu retten gelte. Pinkerton wird
sich seiner Gewissenlosigkeit klar, findet aber keinen Weg mehr,
sein Unrecht gutzumachen.*

Sharpless: Ich weiß,
   für solchen Kummer
   gibt's nicht Trost,
   gibt's nicht Hilfe!
   Doch die Zukunft des Kindes
   wollen wir zu sichern suchen.
Linkerton: Dieser toten Blumen
   bittrer Duft,
   er vergiftet mir das Herz.
Sharpless:
   Jene Dame, die draußen
   wartet,
   nimmt sich des Kleinen
   in Liebe an.
Suzuki: Welches Elend!
   Sie verlangen zu viel
   von einer Mutter . . .
Linkerton: Ganz wie damals
   ist alles im Hause hier.
Sharpless: Nun geh und rede
   mit dieser Dame,
   erklär ihr alles,
   und dann bring sie herein!
Linkerton (geht zur Buddha-Statue):
   Und doch bedrückt mich die
   Angst.
*(Er sieht eine Fotografie von
   sich.)*
   Hier steht mein Bild noch . . .
Suzuki: Sie verlangen zu viel
   von einer Mutter . . .
   Welches Elend!
Sharpless: Du brauchst sie nicht
   vor Butterfly zu verbergen.

Sharpless (a Suzuki):
   Io so che alle sue pene
   non ci sono conforti!
   Ma del bimbo conviene
   assicurar le sorti!

Pinkerton: Oh! l'amara fragranza
   di questi fiori,
   velenosa al cor mi va.
Sharpless:
   La pietosa
   che entrar non osa
   materna cura
   del bimbo avrà.
Suzuki: Oh me trista!
   E volete ch'io chieda
   ad una madre . . .
Pinkerton: Immutata è la stanza
   dei nostri amor . . .
Sharpless: Suvvia,
   parla con quella pia
   e conducila qui . . .

*Pinkerton (va verso il simulacro
   di Budda):*
   Ma un gel di morte vi sta.

   (Vede il proprio ritratto.)

   Il mio ritratto . . .
Suzuki: E volete ch'io chieda
   ad una madre . . .
   Oh! me trista!
Sharpless: S'anche la veda
   Butterfly, non importa.

Sharpless spart nicht mit Vorwürfen: er hat seinen leichtsinnigen Landsmann gewarnt, als noch Zeit zur Umkehr war.

Suzuki: Welch ein Unglück!

Linkerton: Schon sind vier Jahre
vergangen,
vier Jahre sind vergangen,
und sie hat nur gewartet,
daß ich zurückkäm,
all diese Jahre
hat sie gewartet!

Sharpless:
Einmal muß sie die Wahrheit
erfahren,
einmal muß sie ja alles wissen.
Darum geh,
sprich mit dieser Dame,
Suzuki, bring du sie her,
führ du sie herein.

Suzuki: Heilige Seelen der
Ahnen!
Für meine Herrin
verlosch das Licht!

Sharpless: Bitte, tu es doch ...

*Linkerton (tritt tiefbewegt und
den Tränen nahe zu Sharpless
und sagt entschlossen):*
Ich bleibe nicht
mehr hier!

*Suzuki (geht von Sharpless ge-
drängt, in den Garten zu Mrs.
Linkerton. Im Abgehen):*
Welch ein Unglück!

Linkerton: Sharpless,
ich warte im Garten ...

Sharpless: Es kam so,
wie ich's sagte.

Linkerton: Gibt es für sie
denn gar keine Hilfe?
Wie peinigt mich die Reue,
wie peinigt mich die Reue!

Sharpless: Ich sagt es
ja schon damals,

Suzuki: Oh! me trista!

Pinkerton: Tre anni son passati –
e noverati
n'ha i giorni e l'ore.

Sharpless:
Anzi, meglio se accorta
del vero si facesse alla sua
vista.

Suzuki: Anime sante degli avi!
Alla piccina
s'è spento il sol!

Sharpless: Vien, Suzuki, vien!

*Pinkerton (vinto dall'emozione e
non potendo trattenere il pianto, si avvicina a Sharpless e gli
dice risolutamente):*
Non posso rimaner!

*Suzuki (spinta da Sharpless va nel
giardino a raggiungere Mistress
Pinkerton andandosene):*
Oh! me trista!

Pinkerton: Sharpless,
v'aspetto per via ...

Sharpless: Non ve l'avevo detto?

Pinkerton: Datele voi qualche
soccorso ...
mi struggo dal rimorso.

Sharpless: Vel dissi? vi ricorda?
quando la man vi diede:

Pinkertons Selbstanklagen werden immer verzweifelter, doch alle Reue kommt zu spät.

Der Konsul rät ihm, fortzugehen, bevor Butterfly erwacht. Mit Recht fürchtet er dieses Wiedersehen. Pinkerton ist dazu entschlossen. In der ersten (durchgefallenen) Fassung der Oper drückte er Sharpless die Hand und verschwand. Für die endgültige Fassung schrieb Puccini noch eine melodiöse Abschiedsarie (zu der allerdings die dunklere Stimme des Konsuls streckenweise einen wirkungsvollen Kontrapunkt bildet):

(Fortsetzung des Notenbeispiels S. 172)

damals, als es noch Zeit war,
ich warnte, leider vergeblich,
und nun ist es zu spät!
Ohne je zu zweifeln,
hat sie nur auf Sie gewartet,
liebend verschloß der Wahrheit
sie stets ihr Herz.
Linkerton: Ach, wie ich nun er-
kenne,
was ich an ihr gesündigt,
und nie find ich
im Leben mehr Frieden,
finde niemals mehr Ruh,
nein, keine Ruh! Nie!
Sharpless: So gehn Sie,
die bittre Wahrheit
erfährt sie nur zu bald.

«badate!...Ella ci crede»
e fui profeta allor.
Sorda ai consigli,
sorda ai dubbi, vilipesa,
nell'ostinata attesa
raccolse il cor.

Pinkerton: Sì, tutto in un istante
io vedo il fallo mio e sento
che di questo tormento
tregua mai non avrò! no!

Sharpless: Andate, il triste vero
da sola apprenderà.

*Linkerton (in schmerzlicher
Erinnerung):*
Leb wohl denn,
mein Blütenreich,
nun für immer lebe wohl!
Niemals mehr werd ich dich
vergessen,
nie wird verblassen dein Bild!

*Pinkerton (dolcemente con rim-
pianto):*
Addio, fiorito asil
di letizia e d'amor...
Sempre il mite suo sembiante
con strazio atroce vedrò.

(45)

Das Orchester vollführt den Übergang von der ariosen Lyrik
zum schmerzlichen Alltag. Zweimal taucht das Fugenthema aus
dem Vorspiel zum ersten Akt auf. Bedeutet es nur seelische
Erregung, oder beabsichtigt Puccini hier etwas anderes?

Sharpless: Ihr Herz ahnt schon
die Wahrheit,
sie fühlt den Schmerz.
Linkerton: Leb wohl denn,
mein Blütenreich!
Sharpless:
Ich sagt es ja schon damals,
und recht hab ich gehabt.
Linkerton:
Nicht länger trage ich,
nein, nicht länger diese Qual,
ich muß gehen, ich bin feig!
Leb wohl denn, leb wohl denn,
ich bleib nicht mehr!
Ah! ich geh, ja! ich geh!
Sharpless: Zu spät kommt jetzt
die Reue,
sie kommt zu spät!
*(Linkerton drückt dem Konsul
die Hand und geht rasch ab;
Sharpless schüttelt traurig den
Kopf.)*
*(Suzuki kommt mit Mrs. Linker-
ton aus dem Garten; diese bleibt
am Fuß der Terrasse stehen.)*
Kate (schüchtern zu Suzuki):
Du sagst es ihr?
*Suzuki (antwortet starr, mit ge-
senktem Kopf):* Ich sag's ihr.

Sharpless: Ma or quel cor sincero
presago è già . . .

Pinkerton: Addio, fiorito asil . . .

Sharpless:
Vel dissi . . . vi ricorda? . . .
e fui profeta allor.
Pinkerton:
Non reggo al tuo squallor!
Fuggo, fuggo, son vil!

Sharpless: Andate, il triste vero
apprenderà.

*(Pinkerton strette le mani al Con-
sole, esce rapidamente dal fondo:
Sharpless crolla tristemente il
capo.)*
*(Suzuki viene dal giardino seguita
da Kate che si ferma ai piedi del
terrazzo.)*
Kate (con dolcezza a Suzuki):
Glielo dirai?
*Suzuki (a testa bassa risponde
senza scomporsi dalla sua rigi-
dezza):* Prometto.

Butterfly ist erwacht; vergebens sucht Suzuki sie am Eintreten zu hindern, damit sie nicht Pinkertons amerikanischer Frau begegne, die soeben den Garten betritt. In ungeheurer Aufregung durchsucht Butterfly das Zimmer: wo ist er? Wo nur ist er, den sie so glühend drei Jahre lang erwartet hat? Im Orchester Melodiefetzen wie Erinnerungen.

174

Kate: Und willst du sie bewegen,
mir zu glauben?
Suziki: Ich will es.
Kate: Und ihr Sohn
soll mein Kind sein.
Suzuki: Ich glaub es.
Nur die Wahrheit soll sie
von mir erfahren . . .
Ja, die bittre Wahrheit . . .
alles!
Sie wird weinen und jammern!
O, sie wird weinen!
Butterfly (ruft von draußen):

Suzuki! *(näher)* Suzuki!
Sag, wo bist du?
Suzuki!
*(erscheint vor der halbgeöffneten
Tür; Mrs. Linkerton verbirgt sich
im Garten.)*
Suzuki: Bin hier . . . ich bete . . .
bin hier und mache Ord-
nung . . .
Nein . . .
*(sie versucht, Butterfly am Ein-
treten zu hindern)*
Nicht doch!
Nein, o nein,
nicht kommen!
(schreiend)
Nein! Nein! Nein!
*(Butterfly tritt sehr rasch ein und
macht sich von Suzuki los, die sie
zurückhalten will.)*
*Butterfly (läuft in freudiger Auf-
regung durchs Zimmer):*

Und er? Und er?
Er ist gekommen?
So sprich! So sprich!

Kate: E le darai consiglio
di affidarmi? . . .
Suzuki: Prometto.
Kate: Lo terrò come un figlio.

Suzuki: Vi credo.
Ma bisogna ch'io le sia sola
accanto . . .
Nella grande ora . . . sola!
Piangerà tanto tanto!

*Butterfly (voce lontana dalla ca-
mera a sinistra, chiamando):*
Suzuki! *(più vicina)* Suzuki!
Dove sei?
Suzuki!
*(Appare alla porta socchiusa; Ka-
te per non essere vista si allontana
nel giardino.)*
Suzuki: Son qui . . .
pregavo e rimettevo a
posto . . .
no . . .
*(Si precipita per impedire a
Butterfly di entrare.)*
no . . . no . . . no . . . no . . . non
scendete . . .

(gridando)
no . . . no . . . no . . .
*(Butterfly entra precipitosa, svin-
colandosi da Suzuki che cerca in-
vano trattenerla.)*
*Butterfly (aggirandosi per la stan-
za con grande agitazione, ma
giubilante):*
È qui, è qui?
dove è nascosto?
è qui, è qui.

175

Sie bemerkt Sharpless und ein wenig später die fremde Dame. Ihr Herz droht auszusetzen. Sharpless setzt zu einer Erklärung an, aber nun weiß Butterfly plötzlich alles mit großer Klarheit. Das Orchester setzt leise einzelne Akkorde zwischen lange Pausen. Alles ist gespenstisch und doch ungeheuer wirklich.

Mit inniger, vor Erregung fast tonloser Stimme befragt Butterfly ihre Dienerin: lebt er, ist er gekommen? Suzuki bejaht mit Mühe. Doch . . . zu ihr . . .? Nie wieder.

(bemerkt Sharpless)
Der Herr Konsul . . .
(sucht angstvoll nach Linkerton)
Wo ist er? Wo denn?
(hat überall nachgeschaut und blickt betroffen umher.)

Nicht hier?!
(Sie erblickt Mrs. Linkerton im Garten und starrt auf Sharpless.)
(zu Sharpless):
Eine Dame?
Was will sie hier?
Niemand redet . . .
(Suzuki weint leise.)

(überrascht) Du weinst, Suzuki?
(Sharpless nähert sich Butterfly. Diese, die schon alles ahnt, doch nicht verstehen will, nimmt die Haltung eines verängstigten Kindes an.)
Nein, Sie müssen nichts sagen, gar nichts . . .
Könnt ich doch sterben
in diesem Augenblick . . .
(sehr herzlich zu Suzuki)

Du, Suzuki,
du liebst mich von Herzen,
o weine nicht!
Du sollst alles mir sagen,
ein »Ja«, ein »Nein«,
ganz leis nur: lebt er?
Suzuki: Ja.

(scorgendo Sharpless)
Ecco il Console . . .
(sgomenta, cercando Pinkerton)
e . . . dove? . . . dove? . . .
(dopo aver guardato da per tutto, in ogni angolo, nella piccola alcova e dietro il paravento, sgomenta si guarda attorno.)
Non c'è! . . .
(Vede Kate nel giardino e guarda fissamente Sharpless.)
(a Sharpless)
Quella donna?
Che vuol da me?
Niuno parla! . . .
(Suzuki piange silenziosamente.)
(con sorpresa) Perchè piangete?
(Sharpless si avvicina a Butterfly per parlare; questa teme di capire e si fa piccina come una bimba paurosa.)

No: non ditemi nulla . . .
nulla . . . forse
potrei cader morta sull'attimo . . .
(con bontà affettuosa ed infantile a Suzuki)
Tu, Suzuki, che sei
tanto buona, non piangere!
e mi vuoi tanto bene
un Sì, un No, di' piano . . .
vive?

Suzuki: Sì.

177

Immer noch vereinzelte Klänge im Orchester, als könne auch dieses sich nicht zu einer längeren Aussage finden. Endlich ein paar zusammenhängende Takte: die Melodie des Wiegenliedes (Nr. 43). Noch eine Reminiszenz aus dem glücklichen ersten Akt, aber sie klingt nun unendlich traurig.

Butterfly (als ob sie einen tödlichen Schlag empfangen hätte, erstarrt): Doch er kommt nicht mehr?
Du weißt alles.
(Suzuki schweigt.)
(Butterfly ärgert sich über Suzukis Schweigen.)
Sprich doch!
Gib mir nun endlich Antwort!
Suzuki: Nie mehr.
Butterfly (kalt):
Doch kam er gestern?
Suzuki: Ja.
Butterfly (hat alles verstanden und blickt wie gebannt auf Mrs. Linkerton):
O, diese Dame,
warum kommt sie denn zu mir?
Was mag sie wünschen?
Sharpless: Sie ist schuldlos der Grund
all Ihres schmerzlichen Kummers.
O verzeihn Sie ihr!
Butterfly (begreift und schreit auf):
Jetzt weiß ich alles!
(ruhig)
Ja, sie ist seine Frau!
Alles zu Ende ... ah!
Sharpless: Nur Mut jetzt ...
Butterfly: Und jetzt nimmt man mir alles!
(verzweifelt)
Man nimmt mein Kind mir!
Sharpless: Bringen Sie für sein Wohl
dies schwere Opfer! ...

Butterfly (come se avesse ricevuto un colpo mortale: irrigidita):
Ma non viene più!
Te l'han detto! ...

(Suzuki tace.)
(irritata dal silenzio di Suzuki)

Vespa!
Voglio che tu risponda.
Suzuki: Mai più.
Butterfly (con freddezza):
Ma è giunto ieri?
Suzuki: Sì.
Butterfly (che ha capito, guarda Kate, quasi affascinata):

Ah! ... quella donna
mi fa tanta paura!
tanta paura!

Sharpless: È la causa innocente
d'ogni vostra sciagura.
Perdonatele.

Butterfly (comprendendo, grida):

Ah! è sua moglie!
(con voce calma)
Tutto è morto per me!
tutto è finito! ah!
Sharpless: Coraggio.
Butterfly: Voglion prendermi tutto!
(disperata)
il figlio mio!
Sharpless: Fatelo pel suo bene il sacrifizio ...

179

Das »japanische« Thema der Ganztonleiter (Nr. 22), welches das ganze Werk durchzogen hat und manchmal als »Motiv des Fluchs« bezeichnet wird, da es die Verstoßung Butterflys durch den Priester ihrer früheren Religion begleitete, taucht noch einmal sehr deutlich auf. Butterfly hat sich zum großen Opfer durchgerungen, das man von ihr verlangt. Mühsam hält sie sich aufrecht, bis alle gegangen sind.

Butterfly (verzweifelt):
O arme Mutter! Arme Mutter!
Aufs eigne Kind . . . ver-
zichten . . .
(verharrt unbeweglich – ruhig)
Es sei! Ich will tun,
was er wünscht.
Kate (ist schüchtern näher gekommen, tritt aber nicht ins
Zimmer): O, könnten Sie ver-
geben, Butterfly?
Butterfly: Unter dem Bogen des
Himmels
gibt's kein Weib,
das so glücklich wie Sie ist.
(leidenschaftlich)
Sein Sie es immer,
und keine Sorge um mich!
Kate (zu Sharpless, der auf sie
zugetreten ist): Ich kann's nicht
ertragen.[1]
Sharpless (sehr bewegt): Hätt er's
früher bedacht!
Kate: Ob sie das Kind mir gibt?
Butterfly (hat Mrs. Linkertons
Worte gehört und sagt würde-
voll, jedes einzelne Wort beto-
nend):
Nur ihm kann ich es geben,
sagen Sie ihm, ich warte.
(mit Betonung, doch ganz
schlicht)
Er soll kommen
in einer halben Stunde.
(Suzuki geleitet Mrs. Linkerton
und Sharpless hinaus.)

Butterfly (disperata):
Ah! triste madre! triste madre!
Abbandonar mio figlio!

(rimane immobile – calma)
E sia!
A lui devo obbedir!
Kate (che si è avvicinata timida-
mente al terrazzo, senza entrare nella stanza): Potete perdo-
narmi, Butterfly?
Butterfly: Sotto il gran ponte
del cielo non v'è
donna di voi più felice.

(con passione)
Siatelo sempre,
non v'attristate per me.
Kate (a Sharpless, che le si è avvicinato): Povera piccina!

Sharpless (assai commosso): È
un'immensa pietà!
Kate: E il figlio lo darà?
Butterfly (che ha udito, dice con
solennità e spiccando le
parole):

A lui lo potrò dare
se lo verrà a cercare.
(con intenzione, ma con grande semplicità)
Fra mezz'ora salite la collina.

(Suzuki accompagna Kate e
Sharpless che escono dal fondo.)

---

[1] Wieder eine Ungenauigkeit der Übersetzung:
im Originaltext deutet Kate Mitleid für Butterfly
an, im Deutschen eher mit sich selbst.

Mit ergreifender Traurigkeit ist dieser Gesang Suzukis musikalisch gestaltet, Puccini gibt ihrer Melodielinie eine auffallende Chromatik, die im Gegensatz zu ihrem sonst japanisch gehaltenen Singen steht. Hingegen hat Butterflys Gesang nun eine, »asiatische« Färbung angenommen. Hat sie Amerika endgültig entsagt und »heimgefunden«, wenn auch nur mit dem unentrinnbaren Tod vor Augen?

Ein letzter Orchesterausbruch, der in einen leisen Paukenrhythmus übergeht. Darüber intonieren die Violoncelli ausdrucksvoll das Motiv Nr. 30 wie eine Erinnerung aus dem glücklichen Liebesduett des ersten Akts.

(Butterfly bricht zusammen. Suzuki eilt zu ihr.)

Suzuki (legt die Hand auf Butterflys Herz):
Wie des gefangnen Vogels Flügel,
so schlägt angstvoll Butterflys Herz!

Butterfly (kommt nach und nach zu sich. Sie bemerkt, daß es heller Tag wurde, löst sich aus Suzukis Armen und sagt):
Viel zu hell ist es hier,
zu hell und zu viel Frühling. Schließe!

(Suzuki schließt den Tscho-ji, das Zimmer wird dunkel.)

(Suzuki kommt wieder zu Butterfly.)
Wo ist denn das Kind?
Suzuki: Draußen . . .
Ich ruf es.
Butterfly (angstvoll):
Laß es nur beim Spiel,
laß es nur beim Spiel!
Geh, leiste ihm Gesellschaft!
Suzuki (unter Tränen):
Ich bleibe hier.
Butterfly (streng, laut in die Hände klatschend):
Geh, geh!
Muß ich befehlen?
(Butterfly zieht die weinende Suzuki empor und schiebt sie aus dem Zimmer. Dann kniet sie vor der Buddha-Statue nieder.)

(Butterfly cade a terra, piangendo. Suzuki s'affretta a soccorrerla.)
Suzuki (mettendo una mano sul cuore a Butterfly):
Come una mosca prigioniera
l'ali batte il piccolo cuor!

Butterfly (si rinfranca poco a poco: vedendo che è giorno fatto, si scioglie da Suzuki, e le dice):

Troppa luce è di fuor,
e troppa primavera.
Chiudi.
(Suzuki va a chiudere lo shosi, in modo che la camera rimane quasi in completa oscurità.)
(Suzuki ritorna verso Butterfly.)

Il bimbo ove sia?
Suzuki: Giuoca . . .
Lo chiamo?
Butterfly (con angoscia):
Lascialo giuocar,
lascialo giuocar.
Va a fargli compagnia.
Suzuki (piangendo):
Resto con voi.
Butterfly (risolutamente, battendo forte le mani):
Va, va.
Te lo comando.
(Fa alzare Suzuki, che piange disperatamente, e la spinge fuori dell'uscio di sinistra. Si inginocchia davanti all'immagine di Budda.)

Das Drama scheint sich fast lautlos zu vollenden. Butterfly hat den Dolch ergriffen, mit dem ihr Vater sich einst tötete und setzt ihn sich an die Kehle. Da öffnet sich ein Türspalt, und ihr Kind läuft auf sie zu. In rasender Erregung schlägt nun ihr Herz, und das Orchester unterstreicht jeden Herzschlag durch ein Fortis-simo.

(Butterfly bleibt unbeweglich in stummem Schmerz. Von draußen hört man das Schluchzen Suzukis, das sich allmählich entfernt.)

(Butterfly zuckt schmerzlich zusammen.)
(Butterfly holt aus dem Schrein einen weißen Schleier und wirft ihn über den Paravent. Dann nimmt sie aus einem Lacketui, das neben der Buddha-Statue an der Wand hängt, ihren Dolch.)
(Butterfly küßt ehrfurchtsvoll die Klinge, die sie mit beiden Händen senkrecht vor sich hält.)
Butterfly *(liest leise die auf dem Dolch befindliche Inschrift):*
»Ehrenvoll sterbe, wer nicht länger mehr
leben kann in Ehren!«
(Sie setzt den Dolch an die Kehle. Plötzlich schiebt Suzuki von draußen das Kind ins Zimmer. Es läuft mit erhobenen Armen herein. Butterfly läßt den Dolch fallen und umarmt und küßt leidenschaftlich das Kind.)

Du, du, du, du,
du, du, du?
Du kleiner Abgott,
du Sonne meines Lebens,
schön wie Lilien und Rosen!
(drückt das Kind an sich)

Niemals sollst du's wissen:
Für dich,
für deine reinen Augen

(Butterfly rimane immobile assorta in doloroso pensiero – ancora si odono i singhiozzi di Suzuki, i quali vanno a poco a poco affievolendosi.)
(Butterfly ha un moto di spasimo.)
(Butterfly va allo stipo e ne leva il velo bianco, che getta attraverso il paravento – poi prende il coltello, che chiuso in un astuccio di lacca, sta appeso alla parete presso il simulacro di Budda.)
(Butterfly ne bacia religiosamente la lama, tenendola colle due mani per la punta e per l'impugnatura.)
Butterfly *(legge a voce bassa le parole che vi sono incise):*
«Con onor muore
chi non può serbar vita con onore.»
(Si punta il coltello lateralmente alla gola: s'apre la porta di sinistra e vedesi il braccio di Suzuki che spinge il bambino verso la madre: questi entra correndo colle manine alzate: Butterfly lascia cadere il coltello, si precipita verso il bambino, lo abbraccia e lo bacia quasi a soffocarlo.)
Tu? tu? tu? tu? tu?
tu? tu? piccolo Iddio!
Amore, amore mio,
fior di giglio e di rosa.

(prendendo la testa del bimbo, accostandola a sè)
Non saperlo mai
per te, pei tuoi puri
occhi, muor Butterfly,

Hier ist der erschütternde Höhepunkt erreicht. Stimme und Orchester finden sich zu einem gewaltigen Abschiedsgesang.

(46)

Doch der endet nicht auf hohen Noten, nicht mit dem Pathos, das als »opernhaft« bezeichnet wird: Ganz still, mit gebrochener Stimme schickt sie ihr Kind zum Spielen. Dann vollzieht sie, was sie tun muß . . .

stirbt Butterfly,
damit du fortgehn kannst
mit deinem Vater,
ohne daß dich bekümmert,
wenn du einst groß bist,
das Geschick deiner Mutter.
(in höchster Erregung)
Zu mir bist du gekommen
vom Thron des Paradieses.
Blicke mir in die Augen,
in die Augen deiner Mutter,
daß dir die Erinnrung bleibe!
Sieh mich an!
Leb wohl, mein Liebling,
leb wohl, mein einziges Glück!

(mit gebrochener Stimme)
Geh spielen . . . spielen . . .
*(Butterfly nimmt das Kind, setzt
es auf eine Strohmatte, gibt ihm
einen amerikanischen Wimpel
und eine kleine Puppe in die
Hand und verbindet ihm die Augen. Dann ergreift sie wiederum
den Dolch und tritt hinter den Paravent.)*

*(Man hört den Dolch zu Boden
fallen. Der weiße Schleier verschwindet hinter dem Paravent.
Butterfly, den weißen Schleier um
den Hals gewunden, taumelt hinter dem Paravent hervor, schleppt
sich gequält lächelnd zum Kind,
umarmt es und stürzt nieder.)*

perchè tu possa andar di là dal
mare
senza che ti rimorda, ai dì ma-
turi,
il materno abbandono.

(con esaltazione)
O a me, sceso dal trono
dell'alto Paradiso,
guarda ben fiso, fiso
di tua madre la faccia! . . .
che te n' resti una traccia,
guarda ben!
Amore, addio!
addio! piccolo amor!

(con voce fioca)
Va. Gioca, gioca.
*(Butterfly prende il bambino; lo
posa su di una stuoia col viso
voltato verso sinistra, gli dà nelle
mani la banderuola americana ed
una pupattola e lo invita a trastul-
larsene, mentre delicatamente gli
benda gli occhi. Poi afferra il coltello e, collo sguardo sempre fisso
sul bambino, va dietro il paravento.)*
*(Si ode cadere a terra il coltello, e
il gran velo bianco scompare dietro al paravento. Si vede Butterfly
sporgersi fuori del paravento, e
brancolando muovere verso il
bambino – il gran velo bianco le
circonda il collo: con un debole
sorriso saluta colla mano il bambino e si trascina presso di lui,
avendo ancora forza di abbrac-
ciarlo, poi gli cade vicino.)*

*Von draußen erklingt Pinkertons dreimaliger Ruf: »Butterfly!«
Doch die kleine Japanerin kann sich nicht mehr dem Geliebten
entgegenschleppen. Vor den Augen der entsetzten Eintretenden
haucht sie ihre Seele aus, während das Orchester mit wuchtigen
Unisonoschlägen und japanischen Reminiszenzen aus dem
Werk das schnelle Fallen des Vorhangs begleitet.*

Linkerton (hinter der Szene, ruft laut):

Butterfly! Butterfly! Butterfly! *(Die Tür wird von Linkerton und Sharpless aufgerissen. Sie laufen zu Butterfly, die auf das Kind deutet und stirbt. Linkerton bricht zusammen, während Sharpless erschüttert das Kind in seine Arme nimmt.)*

ENDE

Pinkerton (interno gridando):

Butterfly! Butterfly! Butterfly! *(La porta di destra è violentemente aperta: Pinkerton e Sharpless si precipitano nella stanza accorrendo presso Butterfly che con debole gesto indica il bambino e muore. Pinkerton si inginocchia, mentre Sharpless prende il bimbo e lo bacia singhiozzando).*

FINE

Inhaltsangabe für den eiligen Leser

Der in Nagasaki (Japan) vorübergehend stationierte amerikanische Marineoffizier F. B. Pinkerton (im Deutschen: Linkerton) heiratet nach japanischem Ritus die junge, reizende Geisha Cio-cio-san (Tscho-tscho-san), genannt »Butterfly«. Die Hochzeitszeremonie in Anwesenheit des US-Konsuls Sharpless und der ausgedehnten Familie der Braut bildet den größten Teil des ersten Akts.

Im zweiten besucht Sharpless die nun seit mehr als drei Jahren auf die Rückkehr ihres Gatten wartende Butterfly, um ihr die wahre Situation klarzumachen; er kommt nicht zur Verlesung von Pinkertons Brief, da Butterfly viel zu erregt über die in Aussicht stehende Ankunft des Geliebten ist. Als der Konsul endlich ungewollt grausam die Möglichkeit ihres Verlassenwerdens ausspricht, trifft es Butterfly wie ein Donnerschlag. Sie holt das nach Pinkertons Abreise zur Welt gekommene Kind: kann er auch das vergessen? Würde er sie trotzdem verlassen, gäbe es nur zwei Möglichkeiten für sie: zurück in das Geishaleben oder in den Tod. Im Grunde nur eine einzige: den Tod, denn sie kann nie mehr, mit dem Kind auf den Armen, für fremde Menschen singen und tanzen.

Und so kommt es im dritten Akt: Butterfly erfährt, daß Pinkerton mit seiner »legitimen« amerikanischen Gattin gekommen sei, und daß sie den beiden ihr Kind herausgeben soll. Mit dem gleichen Dolch, mit dem einst ihr adliger Vater auf Befehl des Kaisers Harakiri verübt hatte, tötet sie sich.

Eine Seite aus der Originalpartitur.
(1. Akt, Butterfly: »Ancora un passo or via . . .«)

Inhaltserzählung

ERSTER AKT

Ein japanisches Haus inmitten eines hügeligen Gartens, von dem aus man hinunter auf den Hafen von Nagasaki blickt. Der Heiratsvermittler Goro führt den amerikanischen Marineoffizier F. B. Pinkerton[1] soeben durch die Räume und schildert deren Bequemlichkeit in den höchsten Tönen seiner orientalischen Beredsamkeit. Alle Wände können verschoben, das Haus kann nach Belieben verändert werden. Pinkerton lächelt amüsiert. Goro klatscht in die Hände: Suzuki und zwei Diener erscheinen, begrüßen Pinkerton unterwürfig und zeremoniell. Nur Suzuki, die zur Zofe der künftigen Hausfrau ausersehen ist, ergreift das Wort, zeigt sich gebildet, zitiert alte japanische Klassiker. Ein wenig besorgt fragt Pinkerton Goro, ob seine Braut eine große Familie habe und erfährt: die Großmutter, die Mutter, ein Onkel, der Priester sei (aber sich kaum werde blicken lassen), die Vettern und Kusinen: an die zwei Dutzend werden es wohl sein, die zur Hochzeit kommen.

Pinkerton geht dem Konsul seines Landes entgegen, der den Hügel heraufkommt. Sharpless betrachtet bewundernd die malerische Aussicht. Dann fragt er nach dem Haus. Gutgelaunt erzählt Pinkerton, er habe es – nach japanischem Recht – für 999 Jahre gekauft, könnte diesen Vertrag aber täglich lösen. Goro serviert Getränke, die beiden Amerikaner stoßen an: auf den unternehmungslustigen jungen Offizier, dem die Welt gehört und der Abenteuer aller Art auf seinem Wege findet. Der Konsul warnt ein wenig: gehe Pinkerton in seinem jugendlichen Leichtsinn dieses Mal nicht ein wenig zu weit? Pinkerton lacht übermütig. Ein zärtliches Liebesglück erwartet ihn, er erwirbt auch die »Gattin« – nach japanischem Recht – auf 999 Jahre und kann sie jeden Augenblick verlassen, wenn er ihrer überdrüssig ist. Zu den Anfangsakkorden der amerikanischen Hymne trinken die beiden Männer auf das ferne Vaterland. Konsul Sharpless interessiert sich für die japanische »Gattin« seines Landsmanns: Ist sie wirklich so reizend, wie man ihm erzählt? Pinkerton gerät ins Schwärmen: Sie ist wie der zarte

---

[1] Vergl. S. 190

Goro (Gerhard Stolze) mit Pinkerton (Francisco Lazara) und Sharpless (Thomas Tipton) in einer Aufführung der Bayerischen Staatsoper, München. Juni 1973

Duft einer Blüte, wie eine feine Malerei auf dem Wandschirm, wie ein Schmetterling, den er sich nun fangen will. Der Konsul berichtet mit deutlich spürbarer Bewegung, wie die kleine Japanerin vor wenigen Tagen in das Konsulat kam und wie ihre Stimme, die er aus dem Nebengemach hörte, ihn rührte. Wieder mahnt er Pinkerton, das Mädchen nicht zu täuschen, nicht ihr unschuldsvolles Herz zu brechen. Pinkerton wehrt lachend ab: man dürfe die Dinge nicht so ernst nehmen. Und wieder erheben sie ihr Glas auf die Familie Pinkertons in Amerika. Und der Marineoffizier setzt hinzu: »Und auf den Tag, an dem ich mich wirklich verheiraten werde, mit einer echten Amerikanerin.«

Sharpless (Thomas Tipton), Pinkerton (Francisco Lazaro)
und Butterfly (Julia Varady) in einer Aufführung der
Bayerischen Staatsoper, München. Juni 1973

Walter Carnuth als Goro und Lore Wissmann als Butterfly in einer
Aufführung der Bayerischen Staatsoper, München. 1960

Goro, der den Hügel hinabgelaufen war, nähert sich nun an der Spitze eines malerischen Zuges: Begleitet von ihren Freundinnen, wird Cio-cio-san sichtbar. Pinkerton geht ihr einige Schritte entgegen und wird von ihren Begleiterinnen mit zeremonieller Höflichkeit begrüßt. Auch Konsul Sharpless ist näher getreten und beginnt ein freundliches Gespräch mit der Braut, die wahrscheinlich aus ihrer Geishazeit den Kosenamen »Butterfly« (Schmetterling) führt. (So lautete er bei John Luther Long und wurde dann durch alle Fassungen, auch in nichtenglischen Versionen, beibehalten.) Sie erzählt ihm von ihrer Familie, die einst reich war, doch dann völlig verarmte; so mußte sie schon sehr jung selbst ihr Leben verdienen und als Geisha vor den Gästen eines Teehauses tanzen und singen. Nun habe sie noch die Mutter, aber keine Geschwister, berichtet sie. »Eine adlige Dame«, wirft Goro ein. »Und ihr Herr Vater?« interessiert sich der Konsul. »Tot«, lautet die kurze Auskunft; ein Augenblick der Verlegenheit, als sei hier ein Geheimnis verborgen. Rasch fragt Sharpless nach ihrem Alter. Er solle es erraten, schlägt sie vor. Im Orginaltext lautet seine erste Vermutung: »Dieci?« (Zehn). »Höher!«, bedeutet sie mit reizender Koketterie. »Venti? (Zwanzig?)«, rät er nun. »Tiefer! Gerade in der Mitte: Quindici! (Fünfzehn)!« (Die neue deutsche Übersetzung trägt verschiedenen Bedenken Rechnung und läßt das Ratespiel, für unsere Begriffe besser so ablaufen: »Achtzehn?« »Viel älter!« »Zwanzig?« »Viel jünger!« »Ich bin gerade neunzehn!«)
Goro stellt einige Neuankömmlinge vor: den Regierungskommisar, den Standesbeamten, mehrere Verwandte. Die Szene füllt sich mehr und mehr. Nur Sharpless ist westlich gekleidet, Pinkerton trägt die weiße Galauniform der Marine. Nichtssagendes, frohes Geplauder erfüllt die Luft: Butterflys Tante ist von der Schönheit des Bräutigams entzückt, ihr Onkel ruft ununterbrochen nach Wein. Pinkerton zeigt Butterfly das Haus. Dort packt sie einige Gegenstände aus ihren weiten Ärmeln und überreicht sie Suzuki zur Aufbewahrung. Neugierig sieht Pinkerton zu. Zuletzt ein längliches Futteral, das sie geheimnisvoll behandelt. Seine Frage, was darin sei, will sie ihm erst später, wenn sie ungestört seien, beantworten. Doch Goro benutzt einen Augenblick, als Butterfly sich abgewendet hat, ihn zu informieren: es ist der Dolch, den einst der Mikado

Die Hochzeitszeremonie: Perry Price (Pinkerton) und Maria Cleva (Butterfly) in der Aufführung des Staatstheaters am Gärtnerplatz, München. Dezember 1977

ihrem Vater sandte, mit der Weisung, Harakiri zu begehen! »Und der Vater?« will Pinkerton wissen. »Gehorchte«, sagt Goro. Dann bringt Cio-cio-san kleine Figuren: die Seelen ihrer Ahnen. Aber sofort gesteht sie Pinkerton, gestern ihrem alten Glauben abgeschworen und die Taufe genommen zu haben, um in Zukunft zum gleichen Gott beten zu können wie er.

Inzwischen ist die Zeremonie vorbereitet worden, der Beamte verliest die Heiratsformel, beide Brautleute unterschreiben. Während sich die zahlreichen Familienmitglieder Butterflys zu einem Mahl niederlassen, brechen der Standesbeamte und Konsul Sharpless auf. In dessen aufrichtigen Glückwunsch zu diesem bezaubernden Geschöpf mischt sich die Sorge um deren Zukunft, doch Pinkerton macht eine beruhigende Geste. Da zerreißt ein ferner, böser Ruf die Luft: der »Onkel Bonze«, ein buddhistischer Priester ist es, der nach Butterfly ruft. Rasch kommen die Stimmen näher, eine Gruppe von Männern betritt den Garten und bedroht die Braut, die den alten Glauben

Der Fluch des »Onkel Bonze«:
Onkel Bonze (Theofried Krug), Pinkerton (Perry Price) und Butterfly
(Maria Cleva) in einer Aufführung des Staatstheaters am Gärtnerplatz,
München. Dezember 1977

aufgab. Sie verstoßen sie für immer aus der Gemeinschaft.
Butterfly verharrt im Entsetzen. Als Pinkerton erkennt, was
vorgeht, weist er den Priester und sein Gefolge energisch aus
seinem Haus. Aber noch lange hört man die schrillen Rufe: »Ti
rinneghiamo!« (Du bist verstoßen!)
Verschreckt sind die Verwandten aufgebrochen. Pinkerton
sucht Butterfly zu beruhigen. Aus dem Haus dringt das (bud-
dhistische) Abendgebet Suzukis. Die Nacht sinkt hernieder,
dankbar empfindet Butterfly die Stille, die mit den tiefer werdenden Schatten über den Hügel fällt: »Rinnegata . . . e felice«
(Ausgestoßen . . . , und so glücklich). Mit Suzukis Hilfe ver-
tauscht sie im Haus ihren Festkimono gegen ein weißes Nacht-
gewand und tritt dann wieder zu Pinkerton, der auf der Terrasse gewartet hat.
Und dann beginnt eine der schönsten – und wahrscheinlich die
längste – Liebesszenen, die Puccini einem seiner vielen Paare
geschenkt hat . . .

199

ZWEITER AKT

Mehr als drei Jahre sind vergangen. Längst – wahrscheinlich sehr bald nach den Ereignissen des ersten Akts – hat Pinkertons Schiff die Anker gelichtet. Nun lebt Butterfly im Haus am Hügel allein mit Suzuki und dem Kind, das sie nach des Geliebten Abreise geboren hat und von dem er nichts weiß. Sie kann ihm nicht schreiben und erwartet mit innigster Sehnsucht seine Rückkehr. Das Konsulat bezahlt, auf Pinkertons Geheiß, das Haus, aber die Barmittel Cio-cio-sans werden knapp und knapper. Suzuki macht sich schwere Sorgen: was soll geschehen, falls Pinkerton nicht zurückkommt? Butterfly weist sie energisch zurecht: sie habe kein Recht, daran zu zweifeln. Sie selbst zweifelt nie: kann er denn ihre Liebe vergessen, die wundervollen Stunden ihres Zusammenseins, ist er denn nicht ihr Mann? Sie erinnert sich seines Abschieds: wenn die Rosen wieder erblühten, wenn die Rotkehlchen ihr Nest bauten, dann wollte er wiederkommen, zu ihr, in ihre Arme, an ihr Herz. Und so wird es sein. Sie malt sich – in ihrer berühmten Arie – seine Wiederkehr aus: »Un bel dì vedremo« (»Eines Tages sehn wir.«) Sein Schiff wird in den Hafen einlaufen, auf den sie jeden Tag stundenlang hinabblickt, und sie wird auf dem Hügel stehen und warten, vielleicht lange, aber mit Herzklopfen, bis er dann zum Haus hinaufsteigt. Sie wird ihm nicht entgegenlaufen, nein, sie will sich verstecken, ein wenig, um ihn zu necken, vor allem aber, weil sie zu sterben fürchtet an der ungeheuren Freude des Wiedersehens. Und dann erhebt ihre Stimme sich zur Stärke einer Weissagung: »Tutto questo avverà, te lo prometto!« (»Alles dies wird geschehen, du wirst es sehen!«) Im Garten taucht Konsul Sharpless mit Goro auf. Der Amerikaner klopft an die Tür und fragt: »O Madame Butterfly.« Ohne sich umzuwenden verbessert Cio-cio-san mit einer kleinen Schärfe in der Stimme: »Ich bin Frau Pinkerton!« Freudig begrüßt sie den Konsul, der die Schwere seiner Mission ahnt. Er setzt sich etwas mühevoll auf ein Kissen, was Butterfly ein kleines Lächeln entlockt. Dann zieht er einen Brief aus der Tasche, um zum Zweck seines Besuchs zu kommen. Aber Cio-cio-san, ganz Japanerin, kommt nicht so schnell zur Sache, plaudert, bietet Zigaretten an, sie kann nicht wissen, wie wichtig dieser Besuch, dieser Brief für sie werden. Endlich kann Sharpless ihr sagen, er habe ein Schreiben von Pinkerton

Thomas Tipton (Sharpless), Gudrun Wewezow (Suzuki), Julia Varady (Butterfly), Franz Klarwein (Fürst Yamadori) und Gerhard Stolze (Goro) in der Aufführung der Bayerischen Staatsoper, München, Juni 1973

erhalten. Wirklich? Butterfly springt vor Freude auf und jubelt, als sie auf ihre Frage erfährt, es gehe ihm gut. Dann stockt der Konsul wieder: Butterfly weiß sich vor Freude kaum zu fassen, Suzuki bereitet Tee. Ehe er fortfahren kann, fragt die kleine Japanerin ihn zu seiner großen Überraschung, wann in Amerika die Rotkehlchen ihre Nester bauten. Er weiß es nicht, möchte aber wissen, warum sie so fragt. Dann werde Pinkerton zurückkehren, erklärt ihm Cio-cio-san ernsthaft. Goro, der vom Garten aus das Gespräch belauscht, bricht in Lachen aus. Unmutig bemerkt ihn Butterfly, will sich beim Konsul über ihn beschweren –, doch nein: zuerst noch zurück zu Pinkerton, das ist wichtiger. Der Konsul beteuert nochmals seine Unkenntnis der Ornithologie. Der ... was? Ornithologie, wiederholt Sharpless. Cio-cio-san stellt fest, er weiß es nicht. Dann geht sie gleich zum Angriff gegen Goro los: der bestürme sie doch wirklich unausgesetzt, sie solle sich mit einem seiner reichen Kunden vermählen ... Mit dem reichen Fürsten Yamadori, fällt Goro ein, jawohl, und das sei nur vernünftig, denn sie sei

201

Wayne Long (Konsul Sharpless) und Eiko Oshima (Butterfly) im
Staatstheater am Gärtnerplatz, München. Dezember 1971

arm und von ihrer Familie verstoßen. Der Fürst wird im Garten sichtbar, in einer von Dienern getragenen Sänfte wird er herangebracht, von Goro kniend empfangen, von Butterfly aber unmißverständlich zurückgewiesen. Goro erläutert, daß Butterfly als geschieden zu betrachten sei, denn das Verlassen der Frau sei der Scheidung gleichzusetzen. Cio-cio-san weist das empört zurück: das sei japanisches Recht, nicht aber in »ihrem Lande«. »In welchem?« fragt Goro spöttisch. »In den Staaten!« trumpft sie auf, und zur Bekräftigung wendet sie sich an den Konsul, der mit steigender Nervosität zugehört hat. Butterfly erläutert weiter, wie sie das amerikanische Recht für sich in Anspruch nehme, dann bricht sie das Gespräch brüsk ab, Suzuki soll den Tee servieren. Ohne die Hoffnung ganz aufzugeben, verabschiedet sich Yamadori, Goro folgt ihm.

Sharpless unternimmt einen neuen Anlauf, will Butterfly nun endlich den Brief Pinkertons vorlesen. Doch er kommt nicht weit. Zuerst nimmt Butterfly das Schreiben zur Hand und bedeckt es mit zärtlichen Küssen. Dann unterbricht sie Sharpless' Lektüre bei den Worten, er möge gleich zu dem »blumenhaften Mädchen« (»fior di fanciulla«) gehen und bricht in Freudenrufe aus. Der Konsul kann mühsam weitersprechen, aber wieder wird er daran gehindert. In kindlichem und liebevollem Überschwang unterbricht Butterfly nach jedem Satz; sie meint, der Brief diene nur der Vorbereitung seiner Rückkehr. Sharpless ist ärgerlich geworden: wie soll er seine traurige Aufgabe diesem aus ganzem Herzen liebenden Geschöpf beibringen? Innerlich verwünscht er seinen Landsmann Pinkerton. Er rafft sich auf. Mit ungewohnter Derbheit fragt er, was Cio-cio-san wohl täte, wenn Pinkerton nie wieder zu ihr zurückkäme? Ein Donnerschlag aus heiterem Himmel stürzt auf Butterflys Frohsinn ein. Tödlich getroffen, sucht sie mühsam die Worte zusammen: . . . wieder Geisha sein wie einst . . ., doch wär's besser zu sterben . . .

Der Konsul ist erschüttert. Und er rät das Schlimmste, das er ihr raten kann: den reichen Yamadori zu nehmen. Empört, mit tränenerstickter Stimme ruft Butterfly ihre Dienerin: der Herr Konsul will jetzt gehn . . . Sie bereut ihre Geste sofort, doch Sharpless muß eingestehen, grausam gewesen zu sein. Ja, bestätigt Cio-cio-san, er habe ihr unendlich, unendlich weh getan. Dann durchzuckt sie ein Gedanke: »Er vergaß mich?«

Eiko Oshima (Butterfly) und Wayne Long (Sharpless) in einer Aufführung des Theaters am Gärtnerplatz, München. Dezember 1977

Sie stürzt in das Nebengemach und bringt ein ungefähr dreijähriges Kind heraus, das sie dem Konsul zeigt: ?Und das hier? Kann er das auch jemals vergessen?« Sharpless sieht: blonde Haare, blaue Augen. »Und Pinkerton weiß nichts?« Nein, aber nun solle der Konsul es ihm schnell schreiben, und dann werde er nach Nagasaki eilen, zu Weib und Kind ... Wortlos steht Sharpless, erlebt mit Schaudern, wie Butterfly sich seiner bösen Worte entsinnt und nur die beiden einzigen Auswege vor Augen hat: ein neuerliches Geishaleben oder den Tod. Er kämpft mit den Tränen, wendet sich an das Kind, um seine Rührung nicht zu zeigen, will seinen Namen wissen. Heute noch, weil der Vater weit fort sei, heiße es »Betrübnis«, antwortet Butterfly, aber bei seiner Rückkehr solle sein Name »Freude« sein. Sharpless nickt, tief beeindruckt: »Dein Vater soll es wissen, ich versprech's dir ...« Dann geht er schnell.

Suzuki schleppt empört Goro herbei; er ist zurückgekehrt und wird nicht müde, Verleumdungen über Butterfly auszusäen. Butterfly bedroht ihn, stößt den feige Wimmernden dann mit dem Fuß aus dem Hause. Liebevoll wendet sie sich wieder dem Kind zu, ihrem einzigen Trost und Glück. Nun wird sein Vater bestimmt kommen und wird sie beide mitnehmen in sein großes Land ... Ein Kanonenschuß im Hafen, der Salut für ein fremdes Kriegsschiff. Atemlos vor Aufregung blicken die beiden Frauen hinab, durch ein Fernglas kann Butterfly den Namen des weißen Schiffes erkennen: Abraham Lincoln. Es ist Pinkertons Schiff ...

Ihr Bangen, ihre Verzweiflung wandeln sich in unbändige Freude: alle haben gelogen, haben ihr angst machen wollen, aber ihr Vertrauen hat gesiegt, der Geliebte ist da! Mit Suzuki rafft sie Zweige und Blüten der Kirschbäume zusammen und bestreut alle Gemächer, die Heimkehr Pinkertons soll ein Fest sein ... Und dann soll die treue Dienerin auch sie schmücken. Sie blickt in den Spiegel, wird nachdenklich: zu viele Seufzer, zu starke Sehnsucht haben sie altern lassen, die früher so klaren Augen sind vom vielen Weinen getrübt. Aber nun soll alles anders werden ... Wieder sinkt der Abend, wie damals. Butterfly schickt sich an, die Nacht durch zu wachen. Sehr fern singen schwermütige Stimmen eine wortlose Weise. Aufrecht stehen Butterfly und Suzuki und blicken hinab, das Kind ist müde an ihrer Seite in Schlaf gesunken.

Lore Wissmann (Butterfly) und Gertrud Vordemfelde (Suzuki) in der
Aufführung der Bayerischen Staatsoper, München. November 1960

Elisabeth King (als kleiner Sohn), Julia Varady (Butterfly) und Thomas Tipton (Konsul Sharpless) in einer Aufführung der Bayerischen Staatsoper, München. Juni 1973

DRITTER AKT

Es ist Morgen geworden. Suzuki und das Kind schlafen, doch Butterfly verharrt noch immer in gleicher Haltung und schaut den Weg entlang, den der Geliebte kommen muß. Doch nun kann sie die Augen nicht mehr offenhalten und läßt sich von Suzuki ins Schlafgemach geleiten. Leise Stimmen vor dem Haus: Pinkerton und Sharpless. Suzuki ist zur Stelle, will Butterfly wecken, doch Pinkerton verhindert es. Er erfährt, daß Butterfly die ganze Nacht gewacht und gewartet habe, seit sie gestern abend sein Schiff in den Hafen einfahren sah; er bemerkt die ausgestreuten Blumen und findet alles bestätigt, was der Konsul ihm sagte. Verwirrt erkennt er seine große Schuld. Suzuki sieht eine fremde Dame im Garten, ahnt die Wahrheit, die Sharpless ihr bestätigt. Wo gibt es Trost für so viel Unglück? Suzuki weiß, daß dies für ihre Herrin nur das Ende bedeuten kann. Mit einem letzten Blick auf das kleine Haus, in dem er einst glücklich war, flieht Pinkerton, überläßt

Sharpless (Thomas Tipton), Suzuki (Gudrun Wewezow) und Kate
Pinkerton (Waltraud Isolde Elchlepp) in einer Aufführung der Bayerischen Staatsoper, München. Juni 1973

dem Konsul und Suzuki die Regelung, die dem Kinde zugutekommen könnte. Sharpless spart nicht mit Vorwürfen: wie hat er seinen Landsmann vor diesem leichtsinnigen, herzlosen Abenteuer gewarnt! Suzuki ist zu der fremden Dame in den Garten gegangen, führt sie ins Haus und verspricht, ihrer Herrin alles wahrheitsgetreu zu erzählen. Butterfly erwacht, ruft nach Suzuki, die vergeblich versucht, sie im Schlafgemach zurückzuhalten. Butterfly durchstreift atemlos das Haus, in dem sie Pinkerton versteckt glaubt. Sie sieht den Konsul, wundert sich –, dann bemerkt sie die fremde Frau. Niemand will ihr Auskunft geben. Da errät sie die ganze Wahrheit. Suzuki bestätigt alles bruchstückweise auf Butterflys immer tonloser werdende Fragen. Einen Augenblick lang stehen sie und die Fremde einander gegenüber: »Unter dem Bogen des Himmels gibt's kein Weib, das so glücklich wie Sie ist. Seien Sie es immer . . .«, sind die letzten gefaßt gesprochenen Worte Ciocio-sans. Das Kind . . . ja, in einer halben Stunde werde sie es dem Vater übergeben . . .

Allein mit Suzuki, bricht sie zusammen. Mit feierlicher Zeremonie bereitet sie alles vor. Nimmt Abschied von ihrem Kind und erdolcht sich, während von außen her Pinkertons verzweifelte Stimme ins Gemach dringt: »Butterfly . . . Butterfly . . . Butterfly . . .«

Zur Geschichte der »Madame Butterfly«

Bei *Puccini* gibt es kaum unausgeführte, zurückgestellte und unvollendete Projekte, wie es im Leben anderer Komponisten sehr oft der Fall ist. Und so beginnt die Geschichte jeder seiner Opern nach der Beendigung und Uraufführung der vorangegangenen. 1896 war das Jahr der »Bohème«, 1900 das der »Tosca«: beide Opern hatten nach zunächst unklaren Publikumsreaktionen überwältigende Triumphe zu verzeichnen. Zumeist gegen die Presse, die in den meisten Städten Europas nicht mit Einwänden und harten Kritiken geizte, ohne allerdings den Welterfolg auch nur im geringsten in Frage stellen zu können. *Puccini* begleitete seine Werke gern auf ihren ersten Schritten in die Welt. Zugleich bedeuteten diese Fahrten für ihn oftmals wichtige Etappen zum nachfolgenden Werk. Er suchte Anregungen hierzu weniger aus der Lektüre als aus persönlichem Theatererleben. Was ihn von der Bühne aus ansprach, gleichgültig in welcher Sprache, wurde als Opernstoff in Betracht gezogen. Denn da er nur elementare Fremdsprachenkenntnisse besaß, folgerte er aus der starken Wirkung auf ihn, daß hier eine Handlung vorliege, die ungeachtet des Textverständnisses Menschen zu packen vermöchte. Er gehörte zwar zu den Komponisten, die auf Wortdeutlichkeit in der Vertonung größten Wert legten, aber er hatte sich, wie alle Opernschöpfer, damit abfinden müssen, daß man auch auf diesem Gebiet dem Idealfall nur mehr oder weniger nahe kommen konnte, ohne ihn je zu erreichen. Also war für ihn eine Bühnenhandlung, die einen ohne Unterstützung durch das genaue Textverständnis ergreifen und erschüttern konnte, jedem noch so gescheiten Textbuch vorzuziehen, bei dem wörtliches Verstehen notwendig war.

Die Geschichte der »Madame Butterfly« begann, als seine Oper »Tosca« in ihre stürmisch akklamierte Umlaufbahn um die ganze Welt gebracht war. Nachdem »Tosca« nach der umstrittenen Premiere in Rom (Teatro Costanzi) am 14. Januar 1900 zweiundzwanzig weitere, restlos ausverkaufte Vorstellungen erlebt hatte, folgten mit Verona und Genua noch zwei weitere wichtige italienische Theater, und schon am 10. Juni 1900, nur knappe fünf Monate nach der Premiere, begab

Puccini sich nach London, um der dortigen Einstudierung beizuwohnen.

Inmitten seines Ruhms, der ihm täglich aus irgendeiner Gegend der Welt bestätigt wird, erinnert er sich mit besonderer Genugtuung des steil aufwärts führenden Weges, den er eingeschlagen hatte. Die Hungertage seiner Mailänder Studienjahre lagen weit hinter ihm. Doch sein wahrer Erfolg war noch nicht einmal zehn Jahre alt: er hatte 1893 mit »Manon Lescaut« begonnen. Mit dem Erlös aus diesem Werk hatte er, der armselige Mansarden gewöhnt war, ein Haus in Torre del Lago gemietet, am kleinen, aber malerischen Massaciuccoli-See unweit von Viareggio. Und bald konnte er es kaufen und zum Wohnsitz seines Lebens gestalten.

Mit der »Bohème« beschleunigte sich sein Aufstieg. Aber unangefochten war er immer noch nicht. Vor allem besaß sein Rivale *Pietro Mascagni*, der Schöpfer der »Cavalleria rusticana« eine starke Anhängerschaft, und bei mancher Aufführung der »Manon Lescaut«, der »Bohème« und nun der »Tosca« erklang durch die »Evviva Puccini«-Rufe ab und zu ein deutliches »Evviva Mascagni!« Manchmal sinnierte er, wie allein auf weiter Flur der »große Alte von Sant'Agata« gewesen war, *Guiseppe Verdi*, das nationale Musiksymbol Italiens.

Doch nun, seit einem Opernwettbewerb des Verlages Sonzogno im Jahre 1890 schien die Halbinsel voll neuer und hochbegabter Opernkomponisten zu stecken. Da gab es neben *Mascagni*, der sich mit einem einzigen Werk, eben jener siegreich aus dem Wettbewerb hervorgegangenen »Cavalleria rusticana«, in die Herzen seiner Landsleute gesungen hatte, den ebenso erfolgreichen *Ruggiero Leoncavallo*, mit dem *Puccini* gemeinsam in Mailand studiert hatte. Es schmerzte ihn, der Sinn für Freundschaft hatte, sich mit *Leoncavallo* überworfen zu haben; nach dessen Triumph bei der Aufführung des »Pagliacci« (»Bajazzo«) hatten beide, er und *Leoncavallo*, nach demselben Libretto gegriffen: der »Bohème« nach den Roman *Murgers* –, und *Puccini* hatte diesen seltsamen Zweikampf eindeutig gewonnen.

Und dann gab es noch weitere Komponisten, mit denen zu rechnen war: zwar hatte *Niccolò Spinelli*, der bei jenem Wettbewerb mit »Labilia« den zweiten Preis errungen hatte, seit damals stark an Boden verloren, aber da war der auffallend

Puccinis Haus in Torre del Lago am Massaciuccoli-See,
in der Nähe von Viareggio

starke Dramatiker *Umberto Giordano*, der im »Bohème«–Jahr
1896 mit »Andrea Chenier« berechtigtes Aufsehen erregt
hatte. Ein Jahr später, 1897, zeigte der ebenfalls junge *Francesco Cilèa* in »L'Arlesiana« gewinnende Melodik, die zu Hoffnungen berechtigte.
Und nicht zu vergessen: *Arrigo Boito* war da, dessen umkämpfter »Mefistofele« zwar schon ein Vierteljahrhundert zurücklag,
der sich aber inzwischen mit den glänzenden Textbüchern zu
Verdis »Otello« und »Falstaff« einen international berühmten
Namen gemacht hatte und dessen Persönlichkeit großen
Anhang im italienischen Kunstleben besaß.
Aus dem Ausland fürchtete *Puccini* weniger Rivalen. Seit
Wagners Tod im Jahre 1883 waren kaum neue Töne aus
Deutschland zu vernehmen; aber dessen Werk rüttelte gewaltig
an der italienischen Alleinherrschaft auf dem Gebiet der Oper;
es gab weltweit immer mehr Aufführungen seiner Werke. Es
gab italienische Tenöre, die sich am Lohengrin versuchten!
Doch *Wagner* schien nördlich der Alpen keinen Nachfolger
gefunden zu haben.

Giacomo Puccini,
etwa 40 Jahre alt

Wichtiges hingegen kam aus Frankreich. Dort schrieb der beinahe italienisch melodische *Jules Massenet* betörende Melodien und eroberte mit dem »König von Lahore«, »Hérodiade«, »Manon«, dem »Cid«, »Esclarmonde«, »Werther«, »Thaïs« die Theater der Welt, bevor noch die italienische Welle des Verismus beginnen konnte, ihm das Terrain streitig zu machen. Daß inzwischen *Bizets* geniales Drama »Carmen« in zwanzigjährigem Bühnenleben zu einer der beliebtesten Opern geworden war, damit hatte Italien sich abfinden müssen. Mehr Schwierigkeiten legte es *Saint-Saëns* Werken, vor allem der überall vordringenden Oper »Samson et Dalila« in den Weg, die schönstimmigen Mezzosopranistinnen von vorteilhafter Bühnenerscheinung eine fast einmalige Chance einräumte.

So ungefähr sah die Opernwelt aus, als *Puccini* seine »Tosca« auf Teilen ihres raschen Siegeszuges durch Europa begleitete und im Juni 1900 nach London gekommen war. Hier wird er stürmisch gefeiert, die hohe Gesellschaft wie das Publikum mit den billigen Eintrittskarten huldigten ihm im traditionellen Coventgarden-Theater. Hier trifft er auf einen sehr erfolgreichen Landsmann, der sich seit langem in England niedergelassen hat: *Paolo Tosti*, dessen Name damals einen überaus populären Klang hatte und dessen in Volksliedcharakter gehaltene Melodien jedes Kind in allen westlichen Ländern kannte; *Tosti*, 1846 in Ortona geboren, erwarb sich früh mit »Marechiare«, »Vorrei morir«, »Segreto«, »Ideale«, »Non t'amo più« einen klangvollen Namen und wurde 1880 als Gesanglehrer in den Buckingham-Palast berufen. Der überaus volkstümliche Musiker, der in täglichem Kontakt mit der königlichen Familie lebte, freute sich über die Erfolge seines jüngeren Landsmanns und brachte ihn mit vielen Persönlichkeiten des britischen Lebens in Verbindung.

Aber fast wichtiger noch als die glanzvolle Londoner Premiere der »Tosca« und die Unterstützung durch *Tosti* wurde für *Puccini* der Besuch, den er einem Sprechtheater abstattete. An der »Duke of York-Bühne« gab man »Madame Butterfly«, die »Tragödie einer Japanerin«, die der nordamerikanische Bühnenautor *David Belasco*, selbst ein erfolgreicher Manager im Theaterleben der USA, nach einer Novelle seines Landsmanns *John Luther Long* gestaltet hatte. *Belasco* hatte die Geschichte im Januar 1898 im »Century Magazine« gelesen und sofort gespürt, daß hier ein Bühnendrama verborgen liege. *John Luther Long*, ein Rechtsanwalt aus Philadelphia, hatte nichts einzuwenden, seiner wahrscheinlich kurzlebigen Geschichte – zu der er Angaben von seinem in Japan lebenden Bruder erhalten hatte – die Möglichkeit einer längeren szenischen Existenz zu verschaffen. *David Belasco*, fünf Jahre älter als *Puccini*, war als Dramatiker, Schauspieler und Regisseur aus seiner kalifornischen Heimat nach New York gekommen, wo er bald als Wegbereiter des Naturalismus einen guten Namen hatte. Er bearbeitete *John Luther Longs* Geschichte und brachte sie als Drama am 5. März 1900 im New Yorker »Herald Square Theatre« zur Uraufführung. Nur anderthalb Monate später hielt er sich mit seinem Stück in London auf, wo die Premiere am 18. April 1900 ebenfalls erfolgreich war. *Belasco* führte Regie, die Hauptrolle war mit der hervorragenden englischen Schauspielerin *Evelyn Millard* besetzt. Das Werk lief jeden Abend vor ausverkauftem Haus. Es war die annähernd 60. Aufführung, die *Puccini* sah. Er sah, aber er hörte nicht: sein Englisch reichte nicht einmal aus, um eine Klassiker-

Vorstellung zu verstehen; und *Belasco* war es eingefallen, der kleinen Japanerin ein geradezu grauenhaftes Gestammel in den Mund zu legen, eine Art Pidgin-English, von dem er annahm, »es sei einer jungen Asiatin angemessen«, wie der *Puccini*-Biograph *Howard Greenfeld* erzählt. Von dieser »Sprache« verstand *Puccini* nichts. Aber er verstand die Liebe und den Schmerz der zarten Orientalin und wurde von ihrem Selbstmord erschüttert. Zudem fesselte ihn die Umwelt: »Reisfelder, Blumengärten, Fischerboote und der schneebedeckte Fujiyama im Mondlicht«, wie bei *Greenfeld* nachzulesen steht. Sah *Belascos* Bühne wirklich so aus? Vielleicht meinte er, der Europäer glaube Japan nur dann vor sich zu sehen, wenn der »heilige Berg« im Bilde sei. Auch wenn die Handlung in Nagasaki spiele, das einige hundert Kilometer von diesem Wahrzeichen Japans entfernt liegt... Mehr noch als das Umfeld packte *Puccini* das Geschehen selbst: die Tragödie, das so gänzlich unverschuldete Unglück der liebevollen Japanerin, die ihr grenzenloses Vertrauen in den »westlichen« Mann mit Einsamkeit, Ausgestoßensein, dem Verlust ihres Kindes und dem Tod büßte. Den Tod hatte übrigens *Belasco* hinzugefügt: in *John Luther Longs* Erzählung hält das Kind seine verzweifelte Mutter im letzten Augenblick von der Tat zurück.

Über die Gespräche und Verhandlungen, die zur Vertonung von *Belascos* Theaterstück zur Vertonung durch *Puccini* führten, bestehen Unklarheiten. Der Dramatiker berichtete seinem Biographen *William Winter*, daß der Komponist nach der Vorstellung zu ihm geeilt sei, um ihn zu umarmen und die Vertonungsrechte zu erbitten. *Belasco* erzählt weiter: »Ich war sofort dazu bereit und sagte zu ihm, er könne mit dem Stück machen, was er wolle und jeden ihm genehmen Vertrag schließen, denn es ist unmöglich, mit einem impulsiven Italiener, der Tränen in den Augen und die Arme um deinen Hals geschlungen hat, über Geschäftliches zu reden...« Ein sehr hübsches Bild, aber nicht recht glaubhaft. Der sehr scheue, ja schüchterne und Fremden gegenüber besonders zurückhaltende *Puccini*, der zudem mit *Belasco* keine gemeinsame Sprache gehabt haben dürfte, in einer solchen Situation? Die *Puccini*-Biographen wissen nicht nur nichts davon, sie behaupten übereinstimmend, des Komponisten Entscheidung zur Vertonung der »Madame Butterfly« sei keineswegs schon in London, sondern erst um einiges später gefallen. Auch von *Belascos* Seite dürfte der Fall nicht so glatt vonstatten gegangen sein: er dürfte kaum allein zu einer solchen Vereinbarung berechtigt gewesen sein: *John Luther Long* und möglicherweise ein Verlag, dem die Bühnenrechte im allgemeinen zustanden, mußten wohl konsultiert werden. Auf jeden Fall dauerte es noch monatelang, bis *Puccini* beziehungsweise sein Verleger *Ricordi* die Erlaubnis der Vertonung endlich in Händen hielten.

Während dieser Wartezeit verstärkte sich allerdings *Puccinis* Wunsch nach diesem Drama täglich. Diese Monate der Unentschlossenheit seinerseits oder der unerwarteten, oft langen Schwierigkeiten im Erwerb der Rechte bildeten *Puccinis* schlimmste Lebensperioden. Seine »Jagd auf Opernstoffe«, wie er selbst es gern bezeichnete, nimmt den Charakter höchster Nervosität an. Die ihm nahestanden bezeichneten ihn in solchen Monaten als Ausbund der Hysterie: er kommt sich überflüssig vor, hat sogar Angst davor, »ausgeschrieben« zu sein, vielleicht das Schicksal jener seiner Kollegen teilen zu müssen, denen nach großartigen Anfangserfolgen nichts mehr gelingen wollte. Scherzend bezeichnete er solche Wartezeiten, die Suche nach neuen Opernstoffen, deren Prüfung und oft qualvolles Durchdenken als eine der »drei Jagden«, denen er sein Leben lang frönte: nach Frauen, nach Wasservögeln und nach guten Libretti. Dieses Bonmot zeigt dem Tieferblickenden viel von der schwierigsten Psyche dieses seltsamen Mannes, den nur wenige wirklich kannten. Die Jagd auf Frauen war eher das Gegenteil: der gutaussehende, berühmte und interessante Maestro wurde von Frauen geradezu verfolgt; die Zahl seiner »Abenteuer« scheint nach allen Kenntnissen, welche die Nachwelt besitzt, keineswegs groß gewesen zu sein. Wassertiere jagte er gern; es gab ihrer viele am kleinen stillen See, auf den er im Boot von seinem Haus aus hinausfuhr. Aber er schoß selten, wie die Freunde berichten, die ihn begleiteten. So sind die »Jagden«, die er als Mittelpunkt seines Lebens bezeichnet hat, mehr Einbildung oder ein kleines Prahlen der Umwelt gegenüber. Nur die auf gute Opernlibretti kann wahrhaft erwiesen werden; sie kehrt periodisch wieder, sooft eines seiner Werke den großen Abend im Rampenlicht bestanden hat.

Wie sehr ihn der Zustand der Unentschlossenheit, der noch nicht entschiedenen nächsten Wahl peinigt, wird aus vielen

Puccini in seinem Motorboot auf dem Lago Massacioccoli, 1909

Symptomen der zweiten Hälfte des Jahres 1900 klar. Es gibt Briefe aus jener Zeit, die ihn von qualvoller Unrast befallen zeigen. So dieser an den Verlegerfreund *Ricordi* in Mailand: »Ich langweile mich tödlich, da ich nichts zu tun habe. Die Untätigkeit bringt es mit sich, daß ich einen schrecklichen Widerwillen spüre, die Feder zu ergreifen, und sei es auch nur für Briefe. Ich kann mich ganz einfach nicht dazu entschließen. Ein ganzer Berg von Korrespondenz liegt hier in Torre del Lago auf meinem Tisch. Heute fange ich mit Ihnen an, lieber Herr Guilio. Ich komme mir vor wie ein arbeitsloser Arbeiter. Weder von Illica noch von Giacosa bekomme ich Nachricht oder irgendeinen Vorschlag. Ich bin wirklich ein Vergesse-ner . . .« Kurze Zeit darauf schreibt er an den gleichen Adressa-ten: »Ich wäre Ihnen dankbar, lieber Herr Giulio, wenn Sie mir schrieben, ob Sie aus New York über jenen amerikanischen Stoff etwas erfahren konnten . . .« (Der »amerikanische Stoff« ist natürlich der japanische: »Madame Butterfly«.) Liegt die Entscheidung also in New York? Bei einem Verleger, bei *Belasco*, bei *Long*?

Giacomo Puccini (links) mit seinen beiden Textdichtern Giuseppe
Giacosa (Mitte) und Luigi Illica (rechts)

Am 7. April 1901 trifft endlich die ersehnte Nachricht ein:
Ricordi hat die Rechte an dem Stoff gekauft. Nun kann *Puccini*
sich an die Arbeit machen. Der Verleger, gern ein wenig
pathetisch, aber von echter Begeisterung beseelt, umrahmt die
Mitteilung mit dem schönen Satz: »Mit unserer Trinität der
Autoren werden wir eine glänzende Trinität der Opernwerke
schaffen«. Die Trinität der Autoren: *Puccini* und seine beiden
bewährten Textdichter *Luigi Illica* und *Giuseppe Giacosa*. Die
Trinität der Erfolgsopern: »La Bohème«, »Tosca« und nun
hoffentlich »Madame Butterfly«. Es ist bezeichnend, daß
Ricordi »Manon Lescaut« nicht mit einbezieht, die sich inzwischen ebenfalls zum Erfolgsstück (wenn auch in etwas geringe-
rem Maße) entwickelt hat: einerseits hat an diesem Textbuch
Giacosa noch nicht mitgearbeitet, andererseits zählt *Ricordi*
selbst zu dessen Autoren, und er ist zu bescheiden, um daran zu
erinnern. Die Stimmung ist voller Optimismus.
Aber es dauerte nicht lange, bis der erste Streit unter der Trinität der Autoren ausbrach. So wie bei jedem vorangegangenen
Werk entzweiten sich Komponist und Librettisten auch wäh-

rend der Arbeit an »Madame Butterfly« gründlichst. Es war dies bereits ein so selbstverständlicher Vorgang, daß ihn außer den Betroffenen niemand mehr ernst nahm. Diese hingegen um so mehr. Das Drama *Belascos* war ein langer Einakter gewesen. Das Musikwerk sollte, allgemeinem Opernbrauch folgend (der allerdings durch die »veristischen« Musikdramen wie »Cavalleria rusticana« und »I Pagliacci« einen gewaltigen Stoß erlitten hatte) dreiaktig werden. *Giacosa* dachte daran, den dritten Akt im amerikanischen Konsulat spielen zu lassen, um einen wirksamen Gegensatz zum japanischen Milieu der ersten beiden Akte herstellen zu können. Da behauptete *Puccini* plötzlich, dieser Stoff sei in höchstens zwei Akte zu gliedern, da sich sonst seine dramatische Substanz abschwäche. *Illica* und mit ihm *Ricordi* erklärten sofort, das ginge nicht an, da in diesem Fall jeder der Akte oder zumindest einer von ihnen die höchste Spieldauer von einer Stunde überschreiten müsse. Mehr als einstündige Akte konnte *Wagner* schreiben, aber der war ohnedies unnachahmlich, besonders für Italiener. Der Streit loderte auf und sah, wie seit Jahren gewohnt, keine klaren Fronten. In mancher Frage schien *Illica* zum Bundesgenossen *Puccinis* zu werden, in anderen standen er und *Giacosa* gegen den Komponisten, der in letzter Instanz stets an *Ricordi* appellierte, ohne allerdings immer recht zu erhalten. Wieder einmal schien die Trinität am Zerbrechen. *Puccini* flehte *Giacosa* in einem Brief an: »Verlaß mich nicht bei meiner allerschönsten Oper!« Waren das nicht auch »Bohème« und »Tosca« gewesen? Und doch: allen Beteiligten schien es, als fühle *Puccini* eine ganz besondere Zuneigung zu seiner »japanischen« Oper, eine tiefe Liebe, die über alles Frühere hinauszugehen schien. *Giacosa* war gerührt und verließ ihn natürlich nicht. Nach erregten mündlichen und schriftlichen Meinungsäußerungen gab er nach (und behielt zuletzt doch recht, wie noch geschildert werden soll).

Die immer wiederkehrenden Zerwürfnisse zwischen dem Komponisten und seinen Textdichtern, vor allem *Giacosa,* sind in zahlreichen Dokumenten niedergelegt. Es findet sich darin, über eine temperamentvolle Zusammenarbeit dreier Italiener hinaus, viel Grundsätzliches und Beachtenswertes. Die Zusammenarbeit zwischen Librettist und Komponist birgt Probleme. Musik und Dichtung sind miteinander verwandt, stehen miteinander in einem besonders engen Verhältnis; aber jede besitzt Rechte, die aufzugeben sie unmöglich bereit sein kann. Die große Kunst der Zusammenarbeit besteht gerade darin, den richtigen Mittelweg zwischen beiden zu finden. *Giacosa* ist in erster Linie Dichter – und ein höchst beachtenswerter dazu – und erst in zweiter Linie Librettist. Bei *Illica* mochte es umgekehrt sein; ihm oblag die dramatische Szenenführung, und er verteidigte sie gerade so heftig gegen Übergriffe der Musik, wie *Giacosa* seine Verse verteidigte. Dem Dichter konnte es nicht gleichgültig sein, wenn der Musiker einige seiner fein gedrechselten poetischen Bilder verstümmelte, verkürzte, mit eigenen Worten ergänzte oder gänzlich wegließ, um seinen Melodien freien Lauf zu sichern. So sehen wir *Giacosa* immer wieder den Verleger anflehen, er möge nicht nur das Textbuch der Oper veröffentlichen, sondern auch die komplette Dichtung, wie er sie dafür geschaffen hatte. Er empfindet das als »Rechtfertigung« seiner dichterischen Arbeit, aber *Ricordi* lehnt es regelmäßig ab. Einmal mit der Begründung: »Man läuft Gefahr, das Publikum zu verwirren, sowie den szenischen und musikalischen Eindruck zunichte zu machen. Denn man wird feststellen müssen, daß entweder der Komponist Fehler beging, weil er einige Verszeilen des Dichters kürzte oder nicht vertonte, oder daß der Dichter ein paar unnütze Verse geschrieben hat...« Eine unwiderlegbare, wenn auch harte Feststellung.

Puccini fand sich schnell in das völlig neue Milieu, das »Madame Butterfly« ihm bot. Aber er war zu gewissenhaft, um sich nicht zu dokumentieren und möglichst fachmännisch beraten zu lassen. Wie klang echte japanische Musik? Davon hatte das damalige Europa nur eine sehr unvollkommene Meinung. Es gab westliche Musikwerke, die versuchten »japanisch« zu klingen: *Sydney Jones'* »Geisha« mit Untertitel »Eine japanische Teehausgeschichte« (dem Genre nach am ehesten eine Operette), *André Messagers* »Madame Chrysanthème« (eine französische Oper nach *Pierre Lotis* damals berühmten gleichnamigen Roman) – beide vor wenigen Jahren erschienen –, waren die bekanntesten. Aber *Puccini* möchte nicht wissen, wie andere Musiker Europas japanische Musikelemente in ihre Kunst einbauten, er möchte diese Elemente in ihrer Urform kennenlernen. *Illica* rät ihm, in Mailand die japanische Schauspielerin *Sada Yacco* aufzusuchen, die ihm bestimmt Ratschläge geben könne. *Puccini* tut es, erfährt einiges, verschafft sich zudem Bücher, die Kenntnisse über Japans Musik und seine Zeremonien vermitteln. Er möchte, daß die Hochzeit zwischen Cio-cio-san (Butterfly) und dem amerikanischen Marineoffizier nach echtem japanischen Ritus auf der Bühne dargestellt werde. Er ist von unersättlichem Wissensdrang nach japanischer Musik erfüllt. Und so tritt er mit der Gattin des japanischen Botschafters in Rom, Madame *Ohyma*, in Verbindung. Ein wenig später trifft er sie in Viareggio und berichtet davon begeistert seinem Freund *Ricordi*: »... Sie hat mir so viel Interessantes erzählt und sogar einheimische Lieder vorgesungen. Sie versprach mir, demnächst Noten davon zu schicken. Ich habe ihr in gedrängter Form die Handlung erzählt, und sie hat ihr gefallen, um so mehr als sie selbst, wie sie erwähnte, von einer Geschichte erfuhr, die jener der Butterfly sehr gleicht und die sich wahrhaftig abgespielt haben soll...« Dann zählt er auch einige Dinge auf, die Madame *Ohyma* nicht gefielen: der Bewerber, den Goro bei der verlassenen Butterfly einführt, dürfte nicht Yamadori heißen, da dies ein Frauen-, kein Männername sei. Auch andere im Libretto vorgesehene Namen sollten besser nicht verwendet werden. *Puccini* schließt seinen Bericht: »Die Frau Botschafter ist in Viareggio, und ich werde sie nochmals besuchen, um aufzuschreiben, was sie mir vorsingt. Sie ist außerordentlich intelligent und auf sympathischste Weise häßlich...«

Es gibt mehrere Briefe *Puccinis* aus jener Zeit, aus denen seine frohe, ja glückliche Stimmung hervorgeht. Die Arbeit bringt ihm, wie immer, Freude: »Mir scheint, ich komme sehr gut voran. Das Libretto (außer wenigen und unbedeutenden Kleinigkeiten) ist so ausgezeichnet gemacht und läuft so logisch genau ab, daß ich mich mit voller Lust und größtem Vergnügen darein versenke. Die japanische Botschafterin war einige Male mit mir beisammen. Die hat nach Tokio geschrieben, man möge mir von dort Volkslieder schicken...«

Das Jahr 1902 verging in angestrengter, aber lustvoller Arbeit, die nur von wenigen Reisen unterbrochen wird. *Puccini* begleitet seine »Tosca« nach Dresden, wo ihr, wie jetzt überall, ein begeisterter Empfang bereitet wird. Das Jahr 1903 soll nach Ansicht der Autoren und des Verlegers die Fertigstellung der »Madame Butterfly« und vielleicht schon die Uraufführung bringen. Aber da unterbrechen unvorhersehbare Ereignisse den bis dahin doch verhältnismäßig glatten Verlauf des Schaffensprozesses. Im Februar dieses Jahres benützt *Puccini* einige Tage zum Ausruhen; er fährt mit seiner Familie aus der Mailänder Stadtwohnung, in der er die dunkelsten und unfreundlichsten Tage des Jahres zu verbringen pflegt und wo eine enge Verbindung mit seinen Librettisten und dem Verleger gegeben ist, nach Torre del Lago. Seine Familie: vielleicht ist dies der geeignete Augenblick, um einige Worte über den »privaten« *Puccini* zu sagen.

Er war ein noch sehr junger Musiker in der Heimatstadt Lucca, als er *Elvira Gemignani* kennenlernte, die ebenfalls junge, sehr attraktive Gattin eines angesehenen Bürgers und Geschäftsmannes, eine Dame aus den ersten Kreisen der Stadt, in glänzender materieller Lage, die sich aber, trotz einer kleinen Tochter mit Namen *Fosca*, von ihrem Leben äußerst gelangweilt fühlte. *Puccini* und *Elvira* verliebten sich auf den ersten Blick ineinander. Bald kannte die ganze Stadt das ehebrecherische Verhältnis, die Lage wurde unhaltbar. Nach aufregenden Wochen und Monaten rang *Elvira* sich zum Entschluß durch, ihren Gatten zu verlassen. Das erforderte im Italien des 19. Jahrhundert bedeutende Willensstärke; die besaß die junge Frau anscheinend schon damals in hohem Maße. Sie nahm *Fosca* mit sich, als sie mit *Puccini* floh. Äußere Umstände, vor allem auch die schwierige Lage des Komponisten, verhinderten vorläufig das erträumte gemeinsame Leben. Aber die Liebenden hielten aneinander fest, die Geburt des gemeinsamen Sohnes *Tonio* festigte ihr Band noch mehr. Endlich zogen sie zusammen; an eine Ehe konnten sie nicht denken, denn um jene Zeit gab es keine Scheidung in Italien.

Über *Puccinis* Leben an der Seite dieser Frau ist viel geschrieben und sicherlich mehr noch gesprochen worden. Die Liebe flaute im Zusammenleben ab, aus der anschmiegsamen Geliebten soll eine wahre Tyrannin geworden sein. Sie scheint wenig Interesse für seine Arbeit und noch weniger für seine Träume aufgebracht zu haben. Sie übervölkerte die Villa in Torre del Lago, die ihm Zuflucht und Ruhepunkt bedeutete, mit ihrer Familie und ungezählten Bekannten, die oft Wochen dort verbrachten; fürchtete sie die Stille, die er suchte und zum Schaffen brauchte? Wie immer in solchen Fällen stand die

»öffentliche Meinung« auf der Seite des Mannes, der zudem noch eine berühmte Persönlichkeit war. Die Zerrüttung der Gemeinschaft schritt rasch fort. *Puccini* suchte sein Glück immer öfter außerhalb des Hauses, aber *Elviras* heftige Eifersuchtsszenen taten fast noch mehr zur Entzweiung des Paares. Die Heirat *Foscas* verschärfte die Lage; *Puccini* schrieb seiner Stieftochter später sehr offen, sie sei das ausgleichende Element zwischen ihm und *Elvira* gewesen.

Als *Puccini* sich – es muß während der Arbeit an »Tosca« gewesen sein, also kurz vor Ende des Jahrhunderts – in eine tiefergehende Liebesaffäre stürzte, schien das Zusammenleben endgültig zerstört zu sein. Man weiß nur, daß es sich um eine piemontesische Studentin aus Turin mit Namen *Corinna* handelte. *Elvira* nahm den Kampf auf. Aus Liebe? Oder einfach in Verteidigung dessen, was sie als ihr »Eigentum« betrachtete? Man hat letzteres behauptet, aber es liegt kein Grund vor, sie unedler Motive zu bezichtigen: hatte sie nicht damals Reichtum und Position aufgegeben, um der Liebe zu folgen? Ihre Kampfmethoden allerdings waren unschön: sie verleumdete *Corinna,* die sie nicht kannte, vor *Puccini* und vor aller Welt. Sie hetzte seine Mitarbeiter, seinen Verleger auf ihn, mit der Begründung, diese sinnlose Leidenschaft nähme ihrem Gatten jede Kraft zur Arbeit und jede Freude am Schaffen. Etwas Schlimmeres konnte sie den Freunden nicht einreden; besonders *Ricordi*, der *Puccini* wahrhaftig wie einen eigenen Sohn behandelte und sich mit dem Gedanken vertraut gemacht hatte, mit ihm den größten neuen Komponisten Italiens, den wahren Nachfolger *Verdis*, in seinem Verlag zu haben, geriet in Panik. In einem damals an *Illica* geschriebenen Brief stehen die bei ihm völlig unerwarteten Worte: »Ich kann nichts mehr sagen oder tun, was ich nicht schon gesagt oder getan hätte. Alles ist umsonst, und so muß ich einen Mann, den ich hochschätze und um den ich sehr besorgt bin, für niedrig und ehrlos halten . . .« Was hat *Elvira* dem väterlichen Freund erzählt, der die ganze »Angelegenheit mit der Piemonteserin« (wie *Elvira* sie nur nannte, um den Namen nicht in den Mund nehmen zu müssen) ja fast nur aus ihrer Beschreibung kannte? Auf Grund dieser Schilderungen schien er sie für eine Hexe, eine wahre Teufelin zu halten. Denn er fährt fort: »Puccini ist für die Kunst wie für seine Freunde verloren . . .« Was nützt es, wenn er zuletzt noch

Giacomo Puccini – einer der ersten Autosportler Europas

einen kleinen Hoffnungsschimmer aufblitzen läßt: »Ich wollte, meine Prophezeiung wäre falsch...«? Sie war falsch. Das Schicksal hat viele Mittel, Knoten zu entwirren, die dem Menschen hoffnungslos verknüpft erscheinen. Aber es ist schwer zu glauben, daß *Puccini* für die Musik verloren gewesen wäre. Viel zu stark lebte sie in ihm, sein Herz war voller noch ungesungener Melodien, die wohl nur der Tod hätte vernichten können. Das Schicksal bediente sich zur Entwirrung der glühenden Liebesaffäre *Puccinis* eines damals noch seltenen Fahrzeugs, das man »Automobil« nannte. Der Komponist hatte sich ein solches Fortbewegungsmittel gekauft, nicht weil er es beruflich gebraucht hätte, sondern aus Freude am »Rausch der Geschwindigkeit« (der sich bei fünfzig Stundenkilometern gerade so einstellen konnte wie später bei zweihundert, bei

tausend und bei dreißigtausend). Er hielt sich für einen »Sports-
mann« und galt auch als solcher, wenn auch die beiden Betäti-
gungen, denen er in dieser Richtung huldigte, nur irrtümlich als
»Sport« bezeichnet werden können: die Jagd und der Automo-
bilismus. Es machte ihm einfach Spaß, in einem dieser neuen
Gefährte durch die Landschaft zu brausen. Psychoanalytische
Betrachtungen, wie mancher seiner Biographen sie hier angestellt hat – das Auto sei für ihn symbolisch eine »Flucht« vor
Elvira gewesen – dürften, wie zumeist, als reichlich konstruiert
abgelehnt werden. *Puccini* erlag einfach früher als die meisten
anderen Menschen des 20. Jahrhunderts dem doppelten
Anreiz, den das bald übermächtig ins Leben der Zeit eingrei-
fende Auto ausüben sollte: der Beherrschung der Materie
durch die Technik und der immer maßloser werdenden Sucht
nach Beschleunigung, nach Geschwindigkeit in den äußeren
Abläufen des Daseins. *Puccini* war, wenn wir es so sehen
wollen, früher als die Mehrzahl seiner Zeitgenossen, ein
»moderner« Mensch.
Vielleicht unterstrich *Puccinis* Automobil ein wenig stolz seine
nun eroberte materielle Unabhängigkeit; vielleicht bot es ihm
ein wohltuend empfundenes Gegengewicht zur intensiven
Arbeit an Schreibtisch und Klavier. Ein wenig Eitelkeit, von
der *Puccini* nicht frei war, spielte wohl auch eine Rolle, ebenso
die lebendige Erinnerung an trostlose Tage und durchhungerte
Nächte seiner Jugend. Nun konnte er sich ein Automobil
leisten, selbstverständlich mit Chauffeur, wie es damals für
einen »großen Herrn«, auch wenn er selbst zu lenken verstand,
üblich war.
Mit *Elvira* und dem auf Ferien aus seiner Schweizer Schule
gekommenen *Tonio* war *Puccini* im Auto nach Torre del Lago
gefahren, um einige Tage auszuspannen und das bereits an
»Madame Butterfly« Geschaffene in Ruhe zu überdenken.
Doch verfolgte die Reise auch noch einen anderen, den Mailänder Freunden und Mitarbeitern nicht eingestandenen Zweck;
bei einem Abstecher in das heimatliche Lucca sollte ein dort
lebender Halsspezialist konsultiert werden. Der Kehlkopf
machte *Puccini* seit längerem zu schaffen, er fiel von einem
schweren »Katarrh« in den andern. Wußte er wirklich nicht,
daß diese Beschwerden einzig und allein die Folge seines
starken Rauchens waren, oder wollte er es nur nicht wissen?

Seit früher Jugend war er der Zigarette zugetan, jede zu Ende gerauchte hatte er sofort durch eine neue ersetzt; außer in den Stunden des Schlafs hat ihn niemand ohne Zigarette gesehen: Photographien, die ihn nicht rauchend zeigen, sind selten. Das Nikotin hatte sein grausames Werk längst in seinem Körper begonnen, aber er begnügte sich in Selbstbetrug damit, gelegentlich Pastillen gegen die immer stärker werdenden Halsschmerzen zu nehmen oder zu gurgeln, während er unvermindert seinem qualvollen Selbstmord zusteuerte.

Wir wissen nicht, was der Arzt in Lucca feststellte oder anriet. *Puccini* war gut gelaunt, als er ihn verließ; also scheint der alte Freund, vielleicht mehr in Kenntnis der *Puccinischen* Psyche als in Erfüllung seiner ärztlichen Pflicht, zu keiner Entziehungskur geraten zu haben. Er aß in froher Gesellschaft zu Abend und trat, entgegen dem Ratschlag wohlmeinender Kenner der Umgebung, nach zehn Uhr die Heimfahrt nach Torre del Lago an. *Puccini* saß neben dem steuernden Fahrer, *Elvira* mit *Tonio* auf den Hintersitzen des offenen Wagens. Kaum hatten sie die Stadt verlassen, breitete Nebel sich über die flache Landschaft, an vereinzelten Stellen dürfte Bodenvereisung eingetreten sein. Es war schon gegen Mitternacht an diesem 23. Februar 1903, als der Wagen nach einer schmalen Brücke eine Kurve verfehlte, einen kleinen Hang hinunterstürzte und sich überschlug. Durch einen Zufall beobachtete ein nahe dem Unfallort lebender Arzt, ein *Dr. Sbragia* in San Macario, die Szene. Das Motorengeräusch in tiefer Nebelnacht hatte seine Aufmerksamkeit erregt und mit zwei, drei bäuerlichen Helfern war er schnell zur Stelle. *Elvira* und *Tonio* waren unverletzt geblieben, der Chauffeur wies schwere Wunden an den Beinen auf. *Puccini* konnte erst nach bangen Augenblicken gefunden werden: er lag unter dem umgestürzten Auto, aber ein zufällig dort liegender gefällter Baumstamm hatte ihn vor dem Zerquetschtwerden gerettet. Dagegen war er durch die ausströmenden Benzindämpfe ohnmächtig geworden. Man trug ihn ins Haus des Arztes, wo er sehr bald, aber unter großen Schmerzen, zu sich kam. Ein am frühen Morgen herbeigerufener Chirurg stellte neben mehrfachen Quetschungen einen offenen Bruch des rechten Schienbeins fest. Es wurde geschient und *Puccini* nach Torre del Lago gebracht, wo ihn dann ein aus Florenz gerufener Spezialist nochmals genau untersuchte. Das rechte

Puccini im Rollstuhl nach seinem schweren Autounfall im Februar 1903

Bein hatte sich entzündet, aber auch das linke erwies sich als
schwer in Mitleidenschaft gezogen.
Der Heilungsprozeß verlief langwierig und äußerst kompli-
ziert. Er erfüllte nicht nur das gesamte Jahr 1903, sondern war
selbst an dessen Ende noch nicht abgeschlossen. Als die Wunden nicht heilen wollten, ergaben Untersuchen seines Gesamt-
zustands, daß er an Diabetes litt, wovon er bis dahin nichts ge-
ahnt hatte. Vielleicht war sie zumindest teilweise eine Folge seiner völlig gebrochenen seelischen Verfassung. Er konnte nicht
arbeiten, da es ihm unmöglich war, sich ans Klavier zu setzen.
Alles schien ihm für immer beendet zu sein: die »Madame Butterfly« in aussichtslose Ferne gerückt, seine Laufbahn vorzeitig
abgebrochen. Er war aufs tiefste deprimiert, er jammerte und
klagte. Vielleicht traf es ihn besonders schmerzlich, daß er von
Corinna völlig abgeschlossen war. Wann würde er wieder zu ihr
fahren können? Es war überhaupt nicht abzusehen, ob er noch
einmal sein früheres Leben würde aufnehmen können. An das
Schreiben oder Empfangen von Briefen war nicht zu denken:
Elvira übte eine undurchlässige Zensur aus. Keinem der

Freunde konnte er eine Nachricht anvertrauen, denn sie standen auf ihrer Seite. Er war der Verzweiflung nahe.

Daran änderte auch die Anteilnahme der Welt nichts. In den ersten Tagen, auch Wochen später noch traf eine wahre Flut von Telegrammen und Botschaften in Torre del Lago ein, darunter vom König, von Regierungsmitgliedern, von zahllosen Kollegen, sogar vom »Konkurrenten« *Mascagni*, der gerade in Amerika weilte. Aber seine einzige Hoffnung geht auf Genesung. Er will arbeiten können, seine neue Oper vollenden. Im April 1903 schreibt er einem alten Freund in Lucca, und diesen Brief scheint *Elvira* nicht gelesen zu haben: »Ich bin ganz allein mit meiner Langeweile und Traurigkeit. Nichts interessiert mich, selbst das milde Frühlingswetter weckt Bitternis in mir. Ich fühle mich wie im Gefängnis, ständig beobachtet und bewacht. Verdammtes Leben . . . Niemand versteht mich. Wenn ich spräche, so geschähe es zu Leuten, die mich nicht verstehen, ja mich nicht einmal verstehen wollen. Mein ganzes Leben ist zerstört . . .«

Im Juni bessert sich sein Zustand. *Giacosa* begleitet *Ricordi* für einige Tage nach Torre del Lago. Gerade haben die Ärzte einen Apparat konstruiert, mit dessen Hilfe *Puccini* den gebrochenen Fuß auf den Boden stützen kann, wenn er am Klavier sitzt, eine Art Stahlbügel, der allerdings seine Beweglichkeit nicht gerade fördert. Der Sommer kommt mit Macht, und *Puccini*, immer noch in dicken Gipsverbänden, seufzt unter der Hitze, die ihn völlig zu lähmen scheint. Im August geben die Ärzte die Erlaubnis, ihn mit der Familie in eine nahe, aber gemäßigtere Gegend zu bringen, wo ein Freund ihm eine große, aber sehr einsam gelegene Villa zur Verfügung stellt.

Es kommt endlich der Augenblick, die schweren Krücken beiseite zu legen und rund um das alte Haus von Boscolungo erste Spaziergänge zu unternehmen. Am Arm *Elviras* selbstverständlich. Bessert sich die Beziehung zwischen diesem eigentlich schon längst auseinandergelebten Paar? Weiß *Elvira* sich in diesen Monaten unentbehrlich zu machen? Entsteht, vielleicht auch durch die Anwesenheit des gemeinsamen Sohnes *Tonio*, so etwas wie ein Familienleben? Ein wenig Zuversicht kehrt in *Puccinis* Seele zurück. Er humpelt an zwei Stöcken, wenn *Elvira* ihn nicht stützt, aber er kann sich wieder bewegen. Sofort erwacht auch die alte Reiselust: wie wäre es

mit einer Fahrt nach Paris, wo die Opéra Comique seine
»Tosca« vorbereitet? An *Ricordi*, der nun durch die häusliche
Gefangenschaft seines Schützlings ein wenig beruhigter ist,
schreibt er aus Boscolungo: »... es geht mir glänzend, ich fühle
mich gesund wie ein Distelfink. Ich gehe, wenn auch nicht ohne
Anstrengung, auf zwei Stöcke gestützt. Mein Allgemeinzu-
stand ist ausgezeichnet. Der Dr. Codevilla aus Bosco hat mich
untersucht. Er nahm mir die Verbände ab, aber leider fand er,
daß die Knochen noch immer nicht gefestigt seien. Er meint, es
sei eine lange Behandlung nötig, aber die Heilung ist sicher.
Bevor ich wieder so gehen werde können wie jedermann, wird
es noch anderthalb Jahre dauern. Ich sagte ihm, daß ich gerne
nach Paris führe, und er hatte nichts dagegen einzuwenden; er
will mir dort sogar einen guten Arzt empfehlen, der mir zweimal täglich elektrische Massagen machen kann...« Dann
kommt *Puccini* auf jenen Punkt zu sprechen, auf den *Ricordi*
sicherlich schon mit großer Spannung wartet: auf »Madame
Butterfly«. Die Arbeit daran wurde seit Monaten zurückge-
stellt und konnte erst in jüngster Zeit wieder gefördert werden.
»Bleibt nur das japanische Fräulein, aber ich will in Paris den
zweiten Akt instrumentieren, so oft ich Zeit dazu finde. Zu
komponieren habe ich nicht mehr viel daran. Ich habe das
bewußte ›Intermezzo‹ geschrieben und es scheint mir gut gelungen. Bis zum Schluß fehlt nun nicht mehr viel und ich glaube,
Sie können die Uraufführung für die nächste Fastenzeit ins
Auge fassen...«
Da »Madame Butterfly« im Entwurf, an dem *Puccini* komponierte, nur zwei Akte aufwies, hatten er und seine Textdichter
an ein »Intermezzo« gedacht – vielleicht unbewußt (oder
bewußt?) beeinflußt von dem so berühmt gewordenen aus
Mascagnis »Cavalleria rusticana«, das eine längere Zeitrük-
kung innerhalb eines Aktes überbrücken muß – das zwischen
der Nachtwache Butterflys und Pinkertons Ankunft am Morgen eingeschoben werden sollte. Es besteht, und hier in vollem
Gegensatz zu *Mascagnis* instrumentalem Zwischenspiel, aus
einem Summchor, der aus weiter Ferne auf den Hügel von
Butterflys Haus heraufdringend, die träumerische, sehnsüchtige Stimmung in poetischer Form, aber ohne Text, sublimie-
ren, vertiefen soll. Es ist ein Meisterstück der Partitur geworden.

Die Reise nach Paris tut *Puccini* außerordentlich wohl. Er sieht sich verehrt und gefeiert, die Stadt ist amüsant und hat ihm – im Gegensatz zu *Verdi*, der sie stets frivol und oberflächlich fand – seit jeher sehr gut gefallen. Die Proben zur »Tosca« verlaufen erfreulich; der nun zweiundsiebzigjährige berühmte Dramatiker *Victorien Sardou*, von dem das ursprüngliche Drama stammt, steuert in seinem Übereifer eine Reihe unterhaltsamer Episoden bei: außer Dirigieren wolle er, wie *Puccini* sichtlich lächelnd den Freunden in Italien mitteilt, alles selbst tun: Regie führen, die Bühnenbilder verbessern, den Sängern Ratschläge geben. *Puccini*, zurückhaltend wie immer, bewundert die Dynamik und Vitalität des »alten Herrn«, der in der Theaterluft auflebt und allen Mitwirkenden sowie der Presse unermüdlich Unterhaltungsstoff liefert.

Die Premiere der »Tosca« am 13. Oktober 1903 in der französischen Fassung der Opéra Comique gestaltet sich zu einem stürmischen Erfolg. »Ein wirklicher Triumph«, berichtet *Puccini* nach Italien, »ganz nach italienischer Art, also mit Hervorrufen und Dacapo-Schreien . . .« Weniger freundlich zeigte sich, wie oft, die Presse. *Puccini* war daran gewöhnt; es verwunderte ihn nur, daß man in Paris Komponist und Kritiker in einer Person sein konnte! Das machte ja diese ohnedies leicht anrüchige Profession des Kunstrichters, zu der ein Befähigungsnachweis nicht notwendig war, noch unglaubwürdiger! Wie konnten *Dukas* und andere vielgespielte Meister ihre wahre Meinung zu Papier bringen, wenn sie gewärtig sein mußten, bei nächster Aufführung in der Hand der vielleicht negativ Beurteilten zu sein? Man tat einander nicht weh, – dazu gab es ja genug »Fremde«, die man mit der ganzen Schärfe des Urteils treffen konnte. Und so tat die Pariser Presse das Ungefährlichste: sie lobte die französische Musik und zensurierte, oft sehr hart, die ausländische. Man hielt das fälschlich für »Nationalismus« oder gar Chauvinismus, es war aber reiner Egoismus . . .

Puccini erzählt über alle diese Erlebnisse in einem Brief: ». . . Ich kann meine beiden Stöcke immer noch nicht zu Hause lassen. Die Knochen haben sich zwar gefestigt, aber die Muskeln sind zu schwach geworden, um mich zu tragen. Wie traurig macht mich das! Und noch vieles andere mehr . . . ›Tosca‹ füllt das Theater, aber die Presse läßt kaum ein gutes Haar an mir. Übrigens nicht die ganze Presse. Sie hat auch Sardou mißhandelt, besonders der Kritiker Lalo[1] vom ›Temps‹. Aber Sardou wird diesem elenden Schreiberling dieser Tage im ›Figaro‹ antworten und zwei Zeilen von mir anfügen. Gestern besuchte mich sein Schwiegersohn in dieser Angelegenheit, der Marquis de Fleurs, um meine Meinung über den Artikel zu erfahren... Ich habe beschlossen, für anderthalb Monate nach Torre del Lago zurückzukehren. Dort kann ich besser arbeiten, als dies in Mailand der Fall wäre, wo ich so viele Stiegen zu meiner Wohnung zu steigen habe...«

Bevor er aus Paris abreist, stellt er mit stolzer Befriedigung fest, die Opéra Comique »gehöre« ihm: Dienstag, Donnerstag, Samstag »Tosca«, Freitag »Bohème«! Viermal *Puccini* in der Woche! Gibt es eine bessere Antwort auf die schlechten Kritiken? In Torre del Lago macht Puccini sich mit neuen Schwung an die Arbeit, die letzten Szenen der »Madame Butterfly«. Es währt noch zwei Monate, am 27. Dezember 1903, abends um 11 Uhr 10 Minuten zieht er den dicken Doppelstrich, der das Ende des Werkes in der Partitur bezeichnet. Er war mit sich zufrieden, dies war sein Lieblingswerk. Zwar hing er am vierten Bild der »Bohème«, an Mimis »Heimkehr« und Tod; er fühlte sich stets bewegt von Cavaradossis letzter Szene in »Tosca«, auch von vereinzelten Stellen aus »Manon Lescaut«. Aber »Madame Butterfly« liebte er in der Gesamtheit des Werkes, das ihn ergriff, wie keines zuvor. Er nahm die schwere Partitur unter den Arm und fuhr nach Mailand. *Giulio Ricordi* konnte die Nachricht kaum fassen, als der wiedergewonnene Freund ihm das Werk in die Hand drückte. Aber er glaubte es nur zu gern. Und unverzüglich bestätigte er der »Scala«, die ja nur wenige Schritte von seinem Büro entfernt lag, daß er, wie es üblich war, das Theater für den 17. Februar 1904 und eine Reihe der folgenden Tage »miete«: zur Uraufführung einer neuen *Puccini*-Oper, genannt »Madame Butterfly«.

Eine Woche nach der Vollendung der Partitur gab es ein nach außen hin kaum beachtetes, für *Puccini* selbst aber wichtiges Ereignis in seinem Leben. Am 3. Januar 1904 heiratete er *Elvira Bonturi*, nunmehr verwitwete *Gemignani*, deren Gatte am 26. Februar 1903 nach langer Krankheit in Lucca gestorben war. Das italienische Gesetz sah eine Frist von zehn Monaten

---

[1] Es handelt sich um Pierre Lalo, den Sohn des bedeutenden Komponisten Edouard Lalo.

vor, bevor es dem überlebenden Eheteil eine neue Verbindung einzugehen gestattete. Und so standen wenige Tage nach Ablauf dieser Spanne *Puccini, Elvira* und die notwendigen Zeugen zur Ziviltrauung vor dem Bürgermeister von Viareggio. Niemand sonst war geladen. Unmittelbar danach erfolgte die kirchliche Zeremonie in Torre del Lago, ebenfalls so unbemerkt wie möglich. Erfüllte *Puccini* nur ein vor vielen Jahren abgegebenes Versprechen, oder sprach das Herz noch mit? Man wird es nie erfahren.

Im Januar 1904 feilen die Autoren noch ein wenig an ihrem Werk. So fertig kann ein Drama, ein Roman, selbst ein Gedicht kaum sein, daß ihre Urheber nicht noch etwas daran zu verbessern fänden. *Mozart* bildete eine der ganz seltenen Ausnahmen: ihm floß alles im Zustand der wahren Vollendung aus der Feder. *Schubert* verbesserte nichts, einmal weil es wohl nichts zu verbessern gab, zum andern weil ihn seine Phantasie sofort nach Abschluß eines Werkes zum nächsten trieb. Bei einer Oper aber, der Zusammenarbeit eines Komponisten mit einem Dichter und einem Dramatiker (wie es im Falle *Puccinis* geschah), gab es immer wieder Punkte, die einem oder dem anderen von ihnen verbesserungswert erschienen. Das Libretto der »Madame Butterfly« wurde übrigens mit besonderer, sonst nie angewendeter Heimlichtuerei behandelt. *Puccini* sandte eines der gezählten – wirklich: gezählten – Exemplare seiner Schwester *Ramelde* mit der ausdrücklichen Weisung, es niemandem zu zeigen und vor allem weder in die Hände Fremder noch gar von Journalisten fallen zu lassen. Welche Indiskretion befürchtete man? *Verdi* hatte seinerzeit bei der Einstudierung des »Rigoletto« in Venedig Angst, die Arie des Herzogs »La donna è mobile« könne zu früh bekannt und so auf den Straßen gesungen werden, bevor das Werk noch über die Bühne gegangen war. Das war bei der leichten Melodie dieses Stückes durchaus verständlich. Aber welche Bedenken hatte man beim Text der »Madame Butterfly«?

Für die Hauptrollen hatte die Scala zwei ihrer Stars aufgeboten: *Rosina Storchio* sollte die »kleine Frau Schmetterling« singen, *Giovanni Zenatello* (der spätere Gründer der Arena-Festspiele Veronas) die Tenorpartie des skrupellosen amerikanischen Marineoffiziers Pinkerton. Beide Künstler waren 28 Jahre alt, ein glaubwürdiges Alter für die Ansprüche der beiden Rollen

Figurinen zur Uraufführung von »Madame Butterfly«

auf Jugendlichkeit. Gerade im Falle der Japanerin besitzt diese Angabe nicht zu unterschätzende Wichtigkeit: in ihrem Text gibt sie auf eine Frage ihr Alter mit »eben 15 Jahre geworden« an. Eine verfängliche Angabe, wenn die Kluft zwischen diesem und dem wirklichen Alter zu groß wird. Denn das Publikum ist immer grausam, und besonders das italienische. Bei der *Storchio* dachte niemand an eine derartige Gefahr. Kurz vor der Premiere überreichten die drei Autoren ihr ein Geschenk mit dieser Widmung: »Liebe Butterfly, auf der Bühne müssen wir Dich zwar töten, aber Du wirst mit Deiner großen und vollendeten Kunst unserer Oper das wahre Leben schenken!«

Alle Zeichen standen auf Erfolg. Einige Einwände von sachverständiger Seite – dem Impresario der Scala, dem Dirigenten *Arturo Toscanini*, der mit der Aufführung allerdings nichts zu tun hatte – wurden in den Wind geschlagen, obwohl sie mit der Meinung *Giacosas* weitgehend übereinstimmten: die zweiaktige Fassung offenbarte Schwächen. Aber *Giacosa* galt als der immer Unzufriedene. Optimistisch war vor allem *Giulio Ricordi*, der nur manchmal die Regieführung seines Sohnes bemängelte: sie ginge zu sehr in Einzelheiten, meinte er.

Was sich am Abend des 17. Februar 1904 in der Mailänder Scala abspielte, bleibt ein unlösbares Rätsel. Viele Beobachter sprachen später von einer organisierten, gut einstudierten Verschwörung. Wessen Verschwörung? Hatte Italiens berühmtester lebender Komponist eine Gruppe so mächtiger Feinde? Wer hatte ein Interesse daran, eine neue *Puccini*-Oper zu Fall zu bringen? Die Konkurrenten? Und verfügten die über einen so zahlreichen Anhang, der zudem kapitalkräftig genug wäre, hundert oder mehr Eintrittskarten zu einer Scala-Premiere kaufen zu können? Und: könnte eine solche Verschwörung geheim bleiben? Trotz dieser Bedenken meinte die vielgelesene Zeitschrift »Musica e Musicisti«: »Die Vorstellung war im Zuschauerraum genau so gut vorbereitet wie auf der Bühne«.

Es war ein »fracasso«, wie man ihn sich eindeutiger kaum denken konnte; mit diesem echt italienischen Wort (es wurde in mehrere lateinische Sprachen übernommen, und »fracasser« heißt auch im Französischen »zerschmettern«) versteht man den völligen Mißerfolg eines Theaterabends oder einer anderen Unternehmung, der Durchfall eines neuen Stücks, das Versagen einer Person (nicht nur auf der Bühne), eben das Zer-

235

schmettertwerden, sei es das eines Künstlers, eines Sportlers, eines Kaufmanns oder eines Politikers. Solcher »fracassi« gab es in der Operngeschichte nicht wenige: verdiente und unverdiente. Zu den letzteren gehörte bestimmt der Abend des 26. Dezember 1831, als im gleichen berühmten Teatro alla Scala *Bellinis* großartige »Norma« ein ebenso gnadenloses Publikum gefunden hatte. In Rom war *Rossinis* genialer »Barbier von Sevilla«, ebenfalls an einem 26. Dezember, im Jahre 1816 ohne Erbarmen ausgepfiffen und niedergeschrien worden. Nicht besser erging es *Verdis* »Traviata« am 6. März 1853 in Venedig. Es war jedesmal nur eine Frage kurzer oder sogar kürzester Zeit, bis das offenkundige Fehlurteil korrigiert werden konnte und aus dem »fracasso« ein Triumph wurde. Trauriger wäre wohl die Liste der Werke, deren Niederlage endgültig war, deren Zerschmetterung nicht mehr gekittet werden konnte. Aber das ist ein anderes Kapitel.

Der »fracasso« der »Madame Butterfly« wurde ziemlich bald gutgemacht, und so gründlich, daß die musikalische Geschichte der kleinen Japanerin zu einer der meistgespielten Opern der Welt wurde. Lohnt es angesichts dieser späteren Entwicklung überhaupt, die Ereignisse jenes 17. Februar 1904 zu rekonstruieren? Es gibt darüber Zeugnisse, Chroniken, private Berichte. Am objektivsten schildert der Kritiker *Giovanni Pozza* den Abend im »Corriere della Sera«; lesen wir einige Zeilen seines Artikels: »Der lange erste Akt – er ist zu lang! – wurde mit großer Kälte angehört. An seinem Ende spendet ein kleiner Teil des Publikums Applaus, die Mehrheit aber versucht, den Beifall zum Schweigen zu bringen. So geht der Kampf eine Weile. Erst einige zu grobe (*Pozza* schreibt »plebejische«) Mißfallensäußerungen geben dem Applaus Auftrieb und gestalten ihn ein wenig wärmer und freudiger. Nachdem die Sänger einmal vor den Vorhang treten konnten, kommt der Maestro Puccini auf einen Stock gestützt – sein Beinbruch ist in Heilung begriffen – auf die Bühne ...« Und da scheint ihm unbegreiflicher Haß und wildes Toben entgegengeschlagen zu haben. *Pozza* sagt, das Publikum sei ohne jeden Übergang in heftigen Protest ausgebrochen, habe sich zu maßloser Ablehnung hinreißen lassen und vergessen, daß es im Verlauf des Aktes doch einiges gegeben habe, das eine freundlichere Stimmung gerechtfertigt hätte. *Pozza* sucht nach Gründen: man

habe das Auftauchen von musikalischen Phrasen, wie sie bereits in der »Bohème« vorgekommen seien, übel vermerkt. Auch er meint, das sei »unvernünftig, gefährlich und unange-nehm«, aber es rechtfertige noch lange keine solche Verurtei-lung: »Als ›La Bohème‹ zum ersten Mal erklang, fand man Ähnlichkeiten mit Melodien der vorangegangenen ›Manon Lescaut‹, warum sollte man in ›Madame Butterfly‹ nicht Remi-niszenzen aus der ›Bohème‹ erkennen?« Er faßt bereits hier sein im Grunde positives Urteil zusammen: »Ich will nichts vorhersagen, aber viele Passagen des ersten Akts werden später wohl gerade von jenen mit Überraschung angehört werden, die gestern überhaupt nicht auf sie achteten und die zu den besten Puccinis zählen. Es genügt, auf die lange Hochzeitsfeier zu verweisen, die so neuartig in ihrer exotischen Färbung ist, so frisch in ihrer Lebensfreude, so voll von abwechslungsreichen Rhythmen! Doch wird der Maestro sich wohl zu vielen und mutigen Kürzungen bereitfinden müssen. Der Gang der Hand-lung zerflattert in zu viele Einzelheiten . . .«
Dann kommt er zum zweiten Akt, der den »Eingeweihten« als der beste Teil der Oper galt, der aber noch schlechter aufge-nommen wurde. »Liegt die ganze Schuld beim Autor?« fragt sich *Pozza.* »Oder zum großen Teil beim Publikum? Tatsäch-lich war die Stimmung der höchst eleganten Zuschauermenge böse und feindlich. Der zweite Akt gefiel in einigen Momenten, hier wurde er applaudiert, doch zumeist rief er geradezu tumultartige Beweise der Ablehnung hervor. An seinem Ende gab es nur Pfiffe, keinen Beifall . . .« *Puccini* zeigte sich am Schluß nicht auf der Bühne. Ganz gegen die Gewohnheit bei Opernpremieren war er auch während des Akts nicht vor dem Publikum erschienen, obwohl das Orchester nach dem »Blu-menduett« Butterflys und Suzukis das Spiel unterbrochen und damit die übliche Verbeugung des Autors vorbereitet hatte. Der heute so bekannte »Summchor« wurde »zerstreut und unaufmerksam« angehört und so gut wie nicht bemerkt. Das Publikum schien ihn als überflüssige Verzögerung des Endes zu empfinden, es »blieb unruhig und mißgestimmt«. *Pozza* erzählt, als gelte es nur zu berichten, nicht Stellung zu nehmen. Er kann sich aber nicht enthalten, zu Ende seiner Chronik eine Prophezeiung zu wagen: »Die neue Oper hat die Prüfung nicht bestanden. Trotzdem beharre ich darauf, daß sie gekürzt und

von einigen Gewichten befreit, Erfolg haben wird. Sie enthält
viele schöne Stellen, und sie ist glänzend geschrieben. Man täte
gut daran, abzuwarten, bevor man ruhig und abwägend das
letzte Wort über sie spräche.«

Stellen wir diesem sozusagen offiziellen Bericht die verzweifel-
ten Worte einer Privatperson gegenüber. *Puccinis* Schwester
Ramelde, die er mit einer ihrer Söhne eigens zu dem »großen
Abend« eingeladen hatte, erzählt noch in der gleichen Nacht
– »mehr tot als lebendig« – das Vorgefallene ihrem daheim
gebliebenen Gatten: »...Ich liege im Bett, es ist 4 Uhr früh.
Um 2 sind wir zu Bett gegangen, aber ich kann kein Auge
schließen. Und dabei waren wir alle so zuversichtlich! Giacomo
hat zu niemandem über die Oper sprechen wollen. Wir gingen
ganz sorglos ins Theater, zum Glück saßen wir in einer Loge,
sonst hätte ich in meinem Unglück noch einiges zu dem schrecklichen Schauspiel beigetragen. Das Publikum war von Anfang
an gegen die Oper eingenommen, das haben wir sofort
bemerkt. Den armen Giacomo konnten wir nicht sehen, weil es
völlig unmöglich war, hinter die Bühne zu gelangen. Ich verstehe nicht, wie wir es überhaupt so lange aushalten konnten.
Vom zweiten Akt habe ich beinahe nichts gehört, und vor dem
Schluß flüchteten wir entsetzt aus dem Theater. Was für ein
widerliches, gemeines, flegelhaftes Publikum! Nicht ein einziges Zeichen des Respekts! Giacomo war vor zwei Stunden, also
nach Schluß der Vorstellung, sehr gefaßt; ich hatte Angst, es
stünde schlimmer um ihn. Wir sahen ihn zwei Stunden nach
Schluß der Oper. Er ist überzeugt, ein gutes Werk geschaffen
zu haben und hofft darauf, daß es eine Rettung für diese Oper
geben wird. Ich weiß gar nicht, was ich Dir noch erzählen
könnte, ich war so aufgeregt vom Augenblick an, als die ersten
feindlichen Kundgebungen losgingen. Mascagni und Giordano
waren anwesend: Du kannst Dir ihr Vergnügen vorstellen!
Damit genug, – so ist es also gewesen! Wir fühlen uns natürlich
sehr unglücklich, es geht ja auch uns an! Wie gerne wäre ich
jetzt zu Hause, aber ich könnte Giacomo in diesem Augenblick
unmöglich verlassen. Verflucht sei der Augenblick, in dem er
sich in den Kopf setzte, seine Oper in der Scala zu geben!
Verflucht der Augenblick, in dem ich hergefahren bin! Aber ich
hätte wahrscheinlich daheim gerade so gelitten! Unsere kleine
Reise ist nun ganz verdorben, aber das ist unwichtig. Laß diesen

vertraulichen Brief niemanden lesen und sprich auch nicht darüber. Wenn man Dich fragt, so sage, Giacomo meine ganz ruhig, das Publikum sei eben unnachsichtig gewesen, er aber halte an seiner Überzeugung fest, eine gute Oper geschrieben zu haben, ja diese sei sogar seine beste! So hat er es an einige Leute telegrafiert. Ich habe niemandem telegrafiert, weil ich keinen Mut dazu hatte und völlig den Kopf verlor . . .« Die gute *Ramelde* schließt ihren Brief mit zwei Sätzen, die selbst *Puccini* in dieser Situation erheitert hätten, wenn sie ihm zu Ohren gekommen wären: »Zum Teufel mit den Berufen, die vom Publikum abhängen! Sei froh, daß Du Steuereinnehmer bist!. . .«

Wie trug *Puccini* die Geschehnisse jenes Abends? Als der erste Wutausbruch des Publikums erfolgte, wandte er sich zu *Giulio Ricordi*, der neben ihm in den Kulissen stand: »Ja . . . aber . . . was habe ich denn getan, um das zu verdienen?« Der alte, erfahrene Verleger antwortete ihm: »Was Du getan hast, lieber Maestro? Zu viel Erfolg hast du gehabt, zu viele Erfolge! Und die will die Masse in einem ihrer unberechenbaren Ausbrüche Dich heute bezahlen lassen . . .«

Jahre später erzählte *Puccini* seinem jüngeren Freund *Arnaldo Fraccaroli* viel aus seinem Leben, woraus eine ganz eigenartige Biographie entstand. Unter den vielen Episoden, von denen er sprach, war auch jener 17. Februar 1904. *Fraccaroli* hat es so festgehalten: »Es war ein furchtbarer Tag. Die Niederlage traf mich besonders tief, weil ich von ihr völlig ahnungslos überrascht wurde. Aber ich stellte mich dem losbrechenden Sturm mit einem unbeugsamen Glauben an mein Werk entgegen. Ich liebte dieses mein Geschöpf viel zu sehr, um an die Gerechtigkeit eines Urteils glauben zu können, das es so schändlich beleidigte. Außerdem: konnten wir uns wirklich alle geirrt haben, ich, der Dirigent Maestro Campanini, Giulio Ricordi, die mitwirkenden Künstler, die Musiker des Orchesters, alle die bei den Proben mitgewirkt hatten und sich tief beeindruckt zeigten? Ich fühlte mich so sicher, daß ich meine beiden Schwestern zur Premiere geladen hatte, sie, die ich vorher nie der Ungewissheit eines solchen Abends aussetzen wollte. Auch meine eigene Familie war natürlich da, mein Sohn Tonio, der damals 15 Jahre alt war. Meine armen Lieben! Wie schlecht bekam ihnen dieses Schauspiel! Sofort, noch in der gleichen

Nacht entschloß ich mich, das Werk zurückzuziehen. ›Großartig!‹ rief Ricordi aus und zahlte am nächsten Morgen dem Theater die vertragsmäßig vereinbarte Garantiesumme, zwanzigtausend Lire . . . An jenem Abend, inmitten meines Schmerzes spürte ich in mir ein ungeheures Gefühl des Trotzes, der Auflehnung. Erst am nächsten Morgen fühlte ich mich vernichtet, in eine bodenlose Bitterkeit versenkt. Ich bedauerte nicht so sehr die drei Jahre verlorener Arbeit, als den Verlust jeglicher Hoffnung; es war die Trauer um die Zerstörung des Traumes zartester Poesie, den ich mit so viel Liebe gehegt hatte. Mir schien, als würde ich nie mehr auch nur eine einzige Note schreiben können. An diesem Morgen liefen die Zeitungsverkäufer unter meinen Fenstern vorbei und riefen: ›Der Fracasso des Maestro Puccini!‹ Zwei Wochen lang konnte ich nicht ausgehen, ich schämte mich zu sehr . . .«

Am Tage nach der stürmischen Premiere erhielt *Puccini* den Besuch einiger Freunde, die gekommen waren, ihn zu trösten. Viele seiner Worte sind überliefert: »Vor ›Manon‹, vor ›Bohème‹ und ›Tosca‹ fühlte ich mich unruhig, und diese Opern wurden zu Erfolgen. Dieses Mal aber war ich ruhig. Die Oper ergriff mich immer wieder, sooft ich sie auf dem Klavier durchspielte. In der Scala beobachtete ich, wie alle, von den Sängern bis zu den bescheidensten Bühnenarbeitern, das Schicksal der Butterfly miterlebten; ich fühlte, daß sie meine kleine Japanerin gerade so liebten wie ich. Wie sehr liebte ich sie und liebe sie noch! Während ich die Musik schrieb, sah ich sie deutlich vor mir, das kleine süße und todestraurige Mädchen. Ich beobachtete ihr Leben, stellte sie mir vor, wie sie am Rande des Hügels saß, mit geneigtem Kopf, und wartete, wartete . . . Gestern abends erlebte ich schmerzlich, wie der Sturm gegen sie losbrach. Aber ich liebe sie auch weiterhin. Ich habe sie mit tiefer innerer Anteilnahme komponiert. Ich empfinde nie besondere Freude, wenn ich meine Opern höre, mit Ausnahme vielleicht des letzten Aktes der ›Bohème‹. Die ›Butterfly‹ aber packte mich, begeisterte mich. Ich bin mir bewußt, mit ihr die modernste meiner Opern geschaffen zu haben. Ja, die modernste. Sie hat vielleicht Fehler, Übertreibungen . . . Nein, nein, Übertreibungen nicht, keinesfalls! Sie ist vollkommen aufrichtig. Ich beginne aber zu verstehen, wieso sich gestern abend niemand gegen so viel Feindlichkeit

Lucca – auf einem alten Stadtplan noch »Luca« geschrieben

empörte: ›Butterfly‹ ist eine Oper der Atmosphäre, der Stimmung. Zerbricht diese, dann ist der Zauber dahin. Die
Tumulte, der Lärm zerbrachen diese Stimmung aus Traum und
Schmerz, in dem diese Figuren allein leben und ihre Gefühle
zeigen können . . .«
Der Bürgermeister seiner Vaterstadt Lucca, zugleich sein
Schwager, sandte ihm einige Zeilen, in denen die »unwürdige
Behandlung« des Maestro seitens des Publikums verdammt
wird. *Puccini* antwortete sofort: »Lieber Maximo, bleibe ruhig,
wie ich es bin. Die schäbige Bande hat mich gequält, aber nicht
vernichtet. Butterfly wird ihr eigenes, gutes Leben bekommen,
und diese Auferstehung wird sehr bald erfolgen, Du wirst es
sehen!« Ganz ähnlich lauten die Zeilen an einen Neffen: »Vielen Dank für den lieben Brief. Ich fahre bald nach Torre del
Lago und hoffe, Ihr besucht mich dort. Ich bin ziemlich ruhig
trotz der erlittenen Niederlage, denn ich weiß, daß ich ein
lebensfähiges und aufrichtiges Werk geschaffen habe, das ohne
Zweifel auferstehen wird. Ich bin fest davon überzeugt . . .«
Auch ein Brief *Elviras* hat sich gefunden. Er ist an Puccinis
Schwester *Ottilia* gerichtet und trägt das Datum des

241

Entwurf eines Bühnenbildes zur Uraufführung
der »Madame Butterfly«

20. Februar: »Ich erhielt Deinen Brief und verstehe Deinen
Unmut, wie Du den unseren verstehst. Mir kommt vor, als
müßte ich verrückt werden. Mailand ist eine Hölle und ich wäre
längst geflohen, wenn es nicht egoistisch wäre, Giacomo im
Unglück allein zu lassen. In den ersten Stunden war er sehr
tapfer, ist aber jetzt so niedergeschlagen, daß es ein Elend ist.
Armer Giacomo! Wie bösartig war das Publikum! Schon vor
der Vorstellung hörte ich viele Stimmen, es würde unter allen
Umständen ein Fracasso. Armer Giacomo! Man müßte ihm
Mut machen und wir versuchen alles, um es zu erreichen. Es
war seiner würdig, die Partitur sofort zurückzuziehen und die
Garantiesumme zu bezahlen. Aber die Oper wird wieder aufgeführt werden, verlaß Dich drauf!«
Fraccaroli, der diese Dokumente in der italienischen Ursprache
veröffentlicht, erinnert daran, daß ungefähr 72 Jahre vorher ein
anderer Großer der italienischen Opernszene, *Vicenzo Bellini*,
nach dem Scheitern der »Norma« seinem guten Freund *Francesco Florimo* in Neapel geschrieben hatte: »Ich stehe unter
dem schmerzlichen Eindruck, den ich nicht schildern kann, den
aber niemand so verstehen kann wie Du . . . Es war eine fürch-

Entwurf eines Bühnenbildes zur Uraufführung
der »Madame Butterfly«

terliche Niederlage, aber mache Dir keine Sorgen. Ich bin jung
und fühle in mir die notwendige Kraft, um für diese schwere
Schlappe Revanche zu nehmen...« Und nun schreibt Puccini
an den Pater Panichelli (der ihm liturgische Ratschläge zum
ersten Akt der »Tosca« gegeben hatte): »Erschrick nicht über
die gemeinen Ausdrücke einer gewissen Presse. Keine Angst!
Butterfly ist lebendig, wirklich lebendig, bald wird sie auferstehen. Das sage und behaupte ich mit ungebrochener Zuversicht,
und Du wirst es erleben. In wenigen Monaten wird es so weit
sein, ich kann Dir nur noch nicht verraten, wie und wo... Der
Schlag war furchtbar, aber ich stehe fest und wanke nicht. Du
wirst sehen: die Revanche kommt, und sie wird großartig
werden!«
Das gleiche Wort bei beiden: Revanche. Es ist weniger
gewöhnlich als »Rache«, subtiler, vornehmer, geistiger, aber
um nichts weniger befriedigend. Denn die geglückte Revanche
führt, im Gegensatz zur Rache, zur Beschämung des Gegners.
Die Autoren bereiteten diese Beschämung durch kleine Änderungen vor, und *Ricordi* war der Feldherr, der zwar eine
Schlacht, nicht aber den Krieg verloren hatte. Giacosas Lieb-

lingswunsch fand nun endlich Gehör, nachdem er ihn so lange ohne Erfolg vorgebracht hatte: »Madame Butterfly« wurde eine dreiaktige Oper. Aus dem überlangen zweiten Akt entstanden nun ein zweiter, der bis zum Summchor geht, und ein dritter. Eine überflüssige und wohl auch derb-groteske Szene rund um die Trunkenheit des buddhistischen Priesters wurde gestrichen. Der Tenor erhielt eine kleine, teilweise vom Bariton begleitete Arie im letzten Akt: »Addio, fiorito asil« (»Leb wohl denn, mein Blütenreich«). Alle anderen, durchwegs überaus kleinen Retuschen hielten sich in engstem Rahmen und konnten nicht als Änderungen verstanden werden. Trotzdem erwiesen sie sich als äußerst dienlich für jene Kritiker, die nach der erneuten Aufführung glauben machen wollten, das Werk sei erst jetzt für sie akzeptabel geworden. In merkwürdiger Übereinstimmung waren sie nun bereit, die »umgearbeitete« Oper zu loben. Doch vielleicht ist auch über diese reuigen Sünder im Himmel mehr Freude als über jene Gerechten, die gleich das Richtige gefühlt und auch geschrieben hatten . . .

Ricordi, ein kluger Taktiker, meinte, zur »Revanche« sei ein kleineres Haus besser geeignet als ein großes wie etwa die Fenice in Venedig, oder die Bühnen von Rom, Genua, Neapel. Einerseits hatte er erkannt, daß »Madame Butterfly« geradezu kammermusikalische Feinheiten aufwies, die in einem kleineren, intimen Theater besser zur Wirkung kommen müßten. Andererseits – ein Feldherr darf keine Kleinigkeit außer acht lassen – war eine dreimal, viermal kleinere Zuhörermenge leichter zu kontrollieren als die vielen Tausende der Scala. Hier müßte man »Verschwörer«, falls sie sich wieder einschlichen, leichter erkennen. Und so bekam Brescia die Ehre, Schauplatz der Revanche zu werden. Die Zeit, die zwischen dem Abend von Mailand und der Wiederaufnahme in Brescia verging, betrug nur drei Monate. Aber sie müssen *Puccini* endlos vorgekommen sein.

Aus dieser Zeit sei noch ein Schreiben *Puccinis* zitiert: »Das Publikum hat meine Butterfly verstoßen, aber eines Tages wird sie glücklich werden, dieses mein armes kleines Geschöpf! Ich hatte und habe Vertrauen. Ihre Geschichte hat mir sofort gefallen, die Geschichte der ungekünstelten und unschuldigen Liebe, der traurigen und hoffnungslosen Erwartung, der kurzen Freude einer trügerischen Hoffnung, der tödlichen Enttäuschung. Das war so menschlich, daß es mir sofort naheging, das war Liebe, war ein zartes, erschütterndes Erleben. Ich bin nicht für heroische Gesten geschaffen. Ich liebe die Seelen, deren Gefühle so sind wie die von uns allen, die in der Freude aufleuchten und die vor Schwermut weinen können...«

Am 5. Mai 1904 reiste *Puccini* nach Brescia, wo die Proben bereits im Gange waren. Der Dirigent *Cleofonte Campanini* und der Tenor *Giovanni Zenatello* hatten die gleichen Aufgaben übernommen, die sie am Unglücksabend mustergültig ausführten. *Rosina Storchio* aber konnte hier nicht mitwirken, da sie sich auf eine von *Arturo Toscanini* geleitete Südamerika – Tournee begeben hatte. Für sie sang nun *Salomea Krusceniski* die Titelrolle, eine bildschöne Polin, die sich – nicht zuletzt mit ihrer Butterfly von Brescia – in die vorderste Reihe der damaligen Sopranistinnen sang. Sie war 1872 in Tarnopol geboren, das zum österreichischen Galizien gehörte, galt von 1898 bis 1903 als Primadonna der Opernhäuser von Warschau und St. Petersburg, mußte Rußland (wo sie unter ihrem eigentlichen Namen *Kruszelnicka* sang) aus politischen Gründen verlassen und erregte schon bei ihrem ersten Auftreten in Mitteleuropa Aufsehen. Sie wurde zu einer sensationellen Butterfly (die höchstens figürlich ein wenig zu groß war für die angestrebte Zierlichkeit der Japanerin), sang 1907 an der Scala die Salome, 1909 die Elektra bei den ersten Aufführungen dieser Strauß-Opern in Italien, später auch die Isolde und die Brünnhilde der *Wagnerschen* »Götterdämmerung«, war bei mehreren Uraufführungen italienischer Opern beteiligt und eroberte ganz Amerika; ihre Stimme galt als eine der schönsten ihrer Epoche, ihre Gestaltungskunst soll jener *Rosina Storchios*, die berühmt war, nicht nachgestanden haben.

So schlecht alles in Mailand sich angelassen hatte, so glänzend lief es nun in Brescia. War dort die Stimmung vom ersten Augenblick an vergiftet gewesen, so war sie hier, wie man es sich von einer Opernaufführung erwartet: gespannt, respektvoll, neugierig, aufgeschlossen. Sicher auch wohlwollend und ein wenig stolz: war man doch gewissermaßen als »Berufungsinstanz über das unbarmherzige Verdikt von Mailand« (*Howard Greenfeld*) eingesetzt worden. »Madama Butterfly« (das a, für uns ungewohnt, ist die italienische Form des französischen Wortes »madame« und steht so im Originaltitel der

Oper) wurde zu einem überwältigenden Triumph auf der ganzen Linie. Es gab an diesem denkwürdigen Abend zweiunddreißig Vorhänge, und nicht weniger als sieben Teilstücke mußten unter stürmischem Beifall wiederholt werden. *Puccini* schien bei jedem der vielen Male, als er auf die Bühne kam, sichtlich weniger zu hinken, und sein Gesicht glänzte vor Freude. Die »Revanche« war voll gelungen, so »solenne« – so »feierlich« oder »großartig« – wie er sie ersehnt und vorausgesagt hatte. Es war zwar »nur« Brescia, aber niemand zweifelte mehr daran, daß auch »Madame Butterfly« wie ihre beiden Vorgängerinnen »La Bohème« und »Tosca« nun zur Welteroberung starten könne oder sogar schon gestartet sei.

Beides, der »fracasso« wie der Sieg sind im Laufe der Zeit mit Legenden ausgeschmückt worden. Eine davon wurde berühmt und taucht immer wieder auf, wenn von »Madame Butterfly« die Rede ist: *Puccini* hatte über seinem Schreibtisch das Gemälde einer jungen Japanerin, die er phantasievoll mit seiner Butterfly identifizierte; er soll dem Bild nach dem Debakel von Mailand eine Schleife umgehängt haben, auf der drei Worte aus der Oper standen. »Rinnegata e felice«. Zu deutsch etwa: Ausgestoßen und (doch) glücklich. So fühlte Cio-cio-san (Butterfly) sich am Tage ihrer »Hochzeit« mit dem amerikanischen Marineoffizier: ausgestoßen aus ihrer Gemeinschaft, aber glücklich in ihrer Liebe. Das Werk war vom Mailänder Publikum »ausgestoßen« worden, aber *Puccini* blieb vertrauensvoll und glücklich, es geschaffen zu haben. Brescia hatte am 18. Mai 1904 das Unrecht gutgemacht – wenn Unrecht sich überhaupt je vollständig gutmachen läßt – und die ganze Welt ließ die Wunde von Mailand rasch vernarben. Vergessen hat *Puccini* sie nie.

Historische, politische, soziale Hintergründe der Oper »Madame Butterfly«

Den heutigen Besuchern der schönen japanischen Hafenstadt Nagasaki – es gibt mehrere Millionen im Jahr – werden zahlreiche Sehenswürdigkeiten gezeigt. Neben denen von allgemeinem Interesse gibt es drei, die für den Opernfreund von besonderer Bedeutung sind. Einmal das Haus auf einem grünen Hügel über der Bucht, von dem man einen schönen Blick hinab auf die zahllosen Schiffe hat, die vom Weltmeer aus in den Hafen einfahren. Es ist das sogenannte »Glover-Haus«, so genannt nach seinem langjährigen Besitzer, einem schottischen Kaufmann. Der hatte nichts mit Oper zu tun, aber die Legende weiß, daß hier die kleine japanische Geisha Cio-cio-san ihr ach, so flüchtiges Liebesnest mit dem nordamerikanischen Marineoffizier Pinkerton aufgeschlagen hatte und die Geschichte sich abspielte, die *Puccinis* Oper »Madame Butterfly« erzählt. Aus diesen Fenstern, von diesem Garten aus müßte dann die »kleine Frau Schmetterling« hinabgeblickt haben, Tag und Nacht während manchen Jahres, um als erste das stolze weiße Kriegsschiff mit dem Sternenbanner am Heck einlaufen zu sehen, auf dem ihr Geliebter, der Vater ihres Kindes, endlich zu ihr zurückkehren soll. Ganz nahe dieser Stelle sind die anderen Gedenkstätten zu sehen: ein Denkmal für »Madame Butterfly« und eine bronzene Tafel für den Komponisten der Oper, *Giacomo Puccini*. Die heimischen Fremdenführer haben mehr Freude daran, diese Stätten zur Erinnerung an eine hochpoetische Geschichte zu zeigen als das Mahnmal an die Atombombe, mit der im Jahre 1945, drei Tage nach dem ersten Abwurf über Hiroshima, nun hier dem Zweiten Weltkrieg ein endgültiges, grauenvolles Ende gesetzt wurde. In »Madame Butterfly« stirbt nur ein Mensch, und dies geschieht aus eigenem, freien Willen; die Bombe tötete siebzigtausend . . .

Ob Cio-cio-san (Butterfly) wirklich gelebt hat, weiß heute niemand mehr. Es ist auch nicht wichtig. Wie immer, besonders bei Opern, müßte die Frage lauten: Könnte sie gelebt haben? Ist, was sie erlebt hat, glaubwürdig? Und diese Frage kann nicht anders als mit einem entschiedenen Ja beantwortet werden. Vielleicht flossen zur Bildung dieser Legende zwei Geschichten zusammen, die ursprünglich keine Verbindung besaßen. Da gab es (*Hans Schwalbe* erzählt es in seinem Buch »Japan«) einmal eine Geisha namens *Tojin Okichi*, zu deren Andenken heute noch alljährlich ein Volksfest in Shimoda gefeiert wird. Die Geisha stellt einen der wichtigsten und schwierigsten japanischen Frauenberufe dar: diese aufs feinste ausgebildeten Tänzerinnen, von denen oft auch Kenntnisse des Gesangs verlangt werden, waren jahrhundertelang die Bewahrerinnen der alten Teezeremonie, eine der schönsten Traditionen Japans. *Tojin Okichi* war also Geisha in einem Teehaus. Als der erste nordamerikanische Unterhändler ins Land kam – man schrieb das Jahr 1853 – und internationale Verträge vorschlug, meinte Japans Regierung den wichtigen Gast besonders zu ehren, wenn sie ihm für die Dauer seines längeren Aufenthalts im Lande eines jener feinerzogenen und zumeist bezaubernden Mädchen zur Führung seines Hauses zur Verfügung stellte. Der Amerikaner verliebte sich, und das gleiche tat die Geisha, wenn auch die Legende hervorhebt, sie habe ihm ihr Herz erst geschenkt, als er schwer erkrankte. Er wurde gesund und reiste in seine Heimat zurück; das Mädchen aber verfiel der allgemeinen Verachtung, wurde verfemt und ausgestoßen, und starb bald darauf an gebrochenem Herzen.

Die zweite Geschichte über die Liebesbindung zwischen einem Amerikaner und einer Japanerin erzählt, daß ein junger Leutnant der US-Marine seinen Aufenthalt in Nagasaki angenehm verkürzen wollte und darum ein junges Mädchen aus dem Teehaus freikaufte, um sie stets bei sich zu haben. Das war zwar bei reichen japanischen Männern durchaus üblich, war aber bis dahin anscheinend noch nie von einem Ausländer versucht worden. (Es gibt Versionen dieser Geschichte, die Cio-cio-sans Vergangenheit nicht in einem durchaus ehrbaren Teehaus annehmen, sondern in einem Freudenhaus – »mittlerer Klasse«, wie *Schwalbe* sogar hinzusetzt – aber diese Fassung klingt, zumindest von der Oper her gesehen, äußerst unglaubhaft.) Diese Verbindung erregte Aufsehen, lächelndes bei den Ausländern, empörtes bei den Japanern, die in den Vertretern fremder Mächte mit viel Berechtigung Ausbeuter und Feinde sahen. Der US-Konsul hielt es für notwendig zu intervenieren. Er erzählte darüber dem Schriftsteller *John Luther Long* – der anscheinend ein Verwandter war – und dieser machte daraus eine Novelle. Von deren Weg bis zum Libretto der *Puccini*-Oper ist an anderer Stelle nachzulesen. Es stellt sich die Frage, wie und wo die Version von dem zuvor ehrlosen Lebenswandel der »kleinen Frau Schmetterling« aufgetaucht sein könnte. Stellt sie den Versuch einer »Rechtfertigung« für den treulosen Marineoffizier dar? Fühlten »westliche« Kreise sich hier (mit Recht) beschuldigt und angeklagt und versuchten auf diese Art, die Schuld an der Tragödie vom Vertreter der abendländischen Zivilisation abzuwälzen?

Hinter dem Drama, hinter der Oper steht – und darum geht es hier in erster Linie – der Zusammenprall zweier Welten. Dies wird nicht nur im Hinblick auf die Gefühle klar – Butterfly liebt ehrlich und aufrichtig, Pinkerton sucht ein für ihn ungewöhnliches Lustobjekt –, sondern ebenso im rechtlichen Bereich. Der US-Offizier »heiratet« die Japanerin, er »mietet« ein Haus, beides auf 999 Jahre (wie in japanischer Lesart der Ausdruck für »immer« lautet), aber er kann diese Verträge jederzeit auflösen, was dem anderen, dem einheimischen Teil, verwehrt ist. Das ist »Kolonialrecht«, oder, richtiger: koloniales Unrecht. Es ist ein Abkommen zwischen Partnern, deren einer sich an die Klauseln des Vertrags zu halten hat, der andere aber nicht; das also von einer Seite ehrlich, von der anderen unmoralisch, betrügerisch gemeint ist. Nach modernem Rechtsempfinden wäre ein solches Abkommen a priori ungültig. In der Oper scheint der US-Konsul diese Unmoral zu spüren, denn er fordert seinen Landsmann, der solche Skrupel nicht kennt, zu möglichster Schonung der Übervorteilten, der Betrogenen, des Opfers auf. Um diesen »Vertrag«, diese »rechtliche« Situation zu verstehen – die keineswegs erfunden ist, sondern der tatsächlichen Lage entsprach – muß man ein wenig in Japans Geschichte blättern.

Man nimmt ihren Anfang zumeist im 7. vorchristlichen Jahrhundert an, als der Mikado *Jimmu*, ein »Nachkomme der Sonnengöttin« den Kaiserthron bestieg, also für seine Landsleute zum geheiligten »Tenno« wurde. In den folgenden Jahrhunderten stand die Insel stark unter chinesischen Einflüssen. Von dort her kam die Schrift, die auch heute, neben einer anderen, wesentlich »leichteren« gebraucht wird; von dort her der Buddhismus, der aber niemals (im Gegensatz zu Judentum und Christentum) Alleinherrschaft beanspruchte, so daß sich

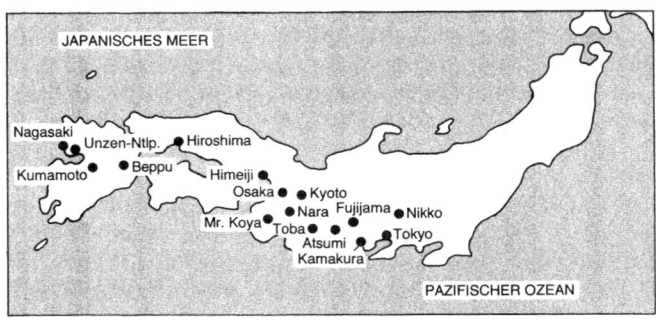

Kartenskizze von Japan mit der Hafenstadt Nagasaki, in der sich das
Geschehen der Oper »Madame Butterfly« abspielt.

im Laufe der Zeit auch andere Religionen im Lande ausbreiten
konnten, so vor allem der Schintoismus, der lange Zeit sogar
Staatsreligion war.

Auch das Christentum kam ins Land. Europäische Schiffe
brachten Missionare, die zahlreiche Taufen vornahmen. Die
frühesten Gemeinden dieses Glaubens entstanden rund um
Nagasaki, das seit jeher das wichtigste »Tor Japans« darstellte.
Es liegt auf der südlichsten der großen Inseln, die – neben
ungezählten kleineren – das japanische Reich zusammenset-
zen; und dort liegt es am westlichsten Punkt, in verhältnismäßig
geringer Entfernung zu Korea und nur 800 Kilometer von
Shanghai. Aus Nagasaki liefen die japanischen Flotten aus, die
wichtige Beziehung zu asiatischen Völkern herstellten. Und
hier landeten die Europäer, nachdem der Portugiese *Mendes
Pinto* die Insel im Jahre 1542 als erster angesteuert hatte.
Entdeckt war sie freilich längst: der kühne Seefahrer *Marco
Polo* hatte schon zu Ende des 13. Jahrhunderts den Europäern
vom sagenhaften Lande »Zipangu« berichtet, von dem er in
Ostasien viel gehört hatte. Es sei von »weißen, sehr zivilisierten
und umgänglichen Leuten« bewohnt: ein bemerkenswertes
Urteil, das sich später in sein gerades Gegenteil verwandeln
sollte. Nach der Landung der Portugiesen, auf deren Karavel-
len auch ostwärts (gerade wie westwärts nach Brasilien) eine
seltsame Mischung von Kriegern, Kaufleuten, Abenteurern

und Priestern reiste, vermehrte sich der Zustrom von Europäern rasch. Da machte im Jahre 1603 der Tenno ein Mitglied der mächtigen Familie *Tokugawa* zum »Schogun«, den wir heute wohl als Militärdiktator bezeichnen würden. Während 264 Jahren steht Japan unter der Herrschaft des »Schogunats«, in dem sich verschiedene Soldaten- und Beamtenkasten der uneingeschränkten Macht im Staate erfreuen, so die Adelsklasse der Samurai, die einen eigenen, gewalttätigen Lebensstil entwickelte und deren Spuren in der japanischen Kunst (bis zum Film) zu finden sind.

Auch in »Madame Butterfly« ist, wenn auch nicht mit Namensnennung, eine Erinnerung an die adligen Gewohnheiten der alten Zeit eingeflossen. Die kleine Japanerin bringt unter ihren (wenigen) Habseligkeiten einen Dolch mit in das Haus ihres künftigen »Gatten«. Auf eine neugierige Frage Pinkertons erklärt der Heiratsvermittler Goro leise, dies sei die Waffe, die einst der Mikado ihrem Vater geschickt habe: das bedeutete, er sollte sich damit töten. Butterflys Vater »gehorchte dem Befehl«: er beging »Harakiri«, wie diese Art des Selbstmords in Japan seit jeher genannt wird, das heißt, er schlitzte sich mit dem Dolch den Bauch in genau ritueller Dreiecksform auf. Diese Form des Freitodes ist auch für Frauen geregelt: bei ihnen allerdings nicht in dieser besonders schmerzhaften Form, sondern durch einen Schnitt oder Stich in die Halsschlagader. Und so wird am Ende der Oper Cio-cio-san sterben. (Der Regisseur möge sie – wenn er diese Szene nicht überhaupt hinter einem Paravent oder sonstwie dem Publikum unsichtbar spielen läßt – kein »männliches« Harakiri begehen lassen, was den japanischen Bräuchen widerspräche.) Butterfly erfüllt auf jeden Fall hier, als Kind eines Adligen, vielleicht eines Samurai, die alte Tradition: Ehrenvoll sterbe, wer nicht länger leben kann in Ehren. Ihres »Gatten« und Kindes verlustig, von ihrer Gemeinschaft ausgestoßen, bleibt ihr nach alter Ansicht ihres Volkes, vor allem aber ihrer »Klasse«, nur der Tod.

Mit dem »Schogunat« beginnt für Japan die »neue Zeit«, auch die »Edo-Periode« genannt, nach dem Namen, den die damals erwählte Hauptstadt führte, die heute Tokio heißt. 1639 erläßt ein Schogun aus dem Hause *Tokugawa* das folgenschwere Dekret, das Japan von der Welt isoliert: kein Inselbewohner darf sich in der Fremde niederlassen, und kein Fremder darf

Japan betreten. Mit einer einzigen westlichen Nation machte das strikte Verbot eine Ausnahme: mit den Holländern. Man rechnete es ihnen hoch an, daß sie stets nur auf ehrlichen Handel bedacht gewesen waren und nie Missionare an Bord gehabt hatten; sie durften eine Niederlassung behalten, die ihren Sitz auf der künstlichen Insel Deschima in der Bucht von Nagasaki hatte.

Das Christentum, das vor allem von den Portugiesen ins Land gebracht worden war, wurde verboten und verfolgt. Die Gemeinschaften dieser Religion in und um Nagasaki tarnten ihre Gotteshäuser als schintoistische Tempel und gaben den Glauben im geheimen von Generation zu Generation weiter, bis das Verbot im 19. Jahrhundert wieder aufgehoben wurde. In der Oper »Madame Butterfly« spielt die religiöse Frage eine Rolle: Cio-cio-san erzählt (im 1. Akt), daß sie in das Haus von »Pinkertons Gott« gegangen sei, um zu seinem Glauben überzutreten. Ein rührender Zug, der die Echtheit ihrer Liebe beweist. Dieser Abfall von der Religion ihrer Väter ist es, der ihr den Bannfluch des (wahrscheinlich schintoistischen) »Onkel Bonze« einträgt, der von ihrer Konvertierung erfahren hat. Die Ächtung von der Seite ihrer früheren Gefährten beruht auf religiösen Gründen, und viel weniger auf der Tatsache ihres Zusammenlebens mit einem Fremden.

Doch blättern wir in Japans Geschichte weiter bis zur entscheidenden »Öffnung«, die als Grundlage der Novelle, des Dramas und der Oper gelten muß. Im Jahre 1792 erschien ein russischer Emissär auf Hokkaido, der nördlichsten der großen japanischen Inseln, und schlug namens seiner Regierung die Aufnahme von weitreichenden Beziehungen vor. Das Schogunat wies den Gedanken zurück und verstärkte die Küstenverteidigung in Erwartung eines denkbaren Angriffs. Doch nichts geschah, und es dauerte noch Jahrzehnte, bis der »ferne Orient« zum Spielball kolonialer Interessen wurde. Als Zuschauer hatte Japan der Entmachtung und Erniedrigung Chinas durch die »Weltmächte« der damaligen Stunde beigewohnt, gesehen, wie aus dessen Territorium England, Rußland, Deutschland und Frankreich beträchtliche Teile zur eigenen Machtvergrößerung herausschnitten. Ob es diese Vorkommnisse waren, die dem Inselreich eine flexiblere Politik nahelegten, oder aus anderen Gründen: als im Jahre 1853 der nordamerikanische Admiral *Matthew Perry* landete und Japan einen »Freundschaftsvertrag« vorschlug, durch den die US-Flotte das Recht erhalten sollte, zwei japanische Häfen anzulaufen, war die Antwort nicht mehr so negativ. Ein Jahr später wurde das Abkommen unterzeichnet. Und zwei Jahre nachher, 1856 also, ließ sich der erste Konsul der Vereinigten Staaten von Nordamerika, *Townsend Harris,* in Shimoda nieder.

In den folgenden Jahren mußte Japan unter dem steigenden Druck der europäischen Mächte – die diese vielleicht strategisch wichtigen Inseln nicht dem mächtigen aufstrebenden Nordamerika überlassen wollten – ähnliche Verträge mit England, Rußland und Holland abschließen. Sie alle verbargen unter nichtssagenden freundlichen Worten das wahre Gesicht des Imperialismus, der Vorherrschaft der weißen Rasse über die ganze Erde und ihren Anspruch auf die Leitung des Welthandels. In diesem Geist sind auch die wirklich entscheidenden Klauseln der Verträge gehalten. Vor diesem Hintergrund muß der »Vertrag« gesehen werden, den Leutnant Pinkerton mit den Japanern abschließt: alle Rechte für ihn, alle Pflichten und keine Rechte für den »Vertragspartner«–, auf dieser Grundlage beruht die Oper »Madame Butterfly«.

Im Jahre 1867 geht das Schogunat zu Ende; seine archaischen Strukturen, seine gesellschaftliche Gliederung lassen sich im Ausgang des 19. Jahrhunderts nicht mehr halten, wenn die »Öffnung« nach Westen neue Winde durch das Land treibt. Die Familie *Tokugawa* übergibt die Macht wieder dem Tenno. Kaiser *Mutsuhito* geht daran, Japan zu einem modernen Staatswesen im westlichen Sinne umzugestalten. Die »Ära Meiji« bricht an: die Periode der »erleuchteten Regierung«. Die Fortschritte sind schnell und verblüffend. Industrialisierung, Aufrüstung, Handel werden gefördert, das veraltete Kastenwesen abgeschafft. Die Daten sprechen für sich: 1870 wird in England eine japanische Staatsanleihe zum Bau der ersten Eisenbahn aufgelegt, 1871 ein Postwesen, eine nationale Währung, ein neues Verwaltungssystem geschaffen, 1872 das erste Kriegsschiff gebaut, die Eisenbahn von Tokio nach Yokohama eingeweiht, ein Schulsystem geschaffen, ein den Bauern bedrückendes, fast der mittelalterlichen Leibeigenschaft ähnelndes Pachtwesen widerrufen. 1873 wird ein modernes System von Maßen und Gewichten eingeführt, 1874 die Hauptstraße Tokios, die

Ginza, mit Gasbeleuchtung ausgestattet. In diesem rasenden Tempo geht es weiter. Banken entstehen, eine Börse wird eingerichtet. 1887 wird Tokio elektrisch beleuchtet, 1890 das erste Parlament eröffnet.

Dieser fast unglaublichen inneren Wandlung, diesem Sprung aus alten Strukturen in eine moderne Zeit folgt ganz von selbst ein wachsender Druck nach außen. Das Gefühl, ein zu kleines Land zu haben im Verhältnis zur eigenen Kraft (und zur schnell ansteigenden Bevölkerungszahl) führt Japan dazu, auch hier wieder nach westlichem Vorbild zum Kolonialismus, zum Imperialismus zu drängen, zur Demokratie – die in Wahrheit eine Plutokratie ist – und zu ihrer Grundlage, dem Kapitalismus. In nur wenigen Jahren ist Japan zur Großmacht geworden, mit der die Mächtigen rechnen müssen. Zwei siegreiche Kriege – gegen China und gegen Rußland – bestätigen das.

Gegen Ende des 19. Jahrhunderts, mitten in dieser großen Wende, steht Japan dort, wo »Madame Butterfly« es zeigt. Ausländischer Besuch ist nun keine Ausnahme mehr, aber kaum einer nimmt sich die Mühe, das wahre Wesen Japans zu verstehen. Sprache, Tradition und eine unleugbare Abneigung der breiten Massen gegenüber dem »präpotenten weißen Mann« bilden kaum übersteigbare Schranken. Das Selbstbewußtsein der Nation wächst und verlangt immer gebieterischer die Annullierung früherer Verträge, die vom Ausland zu einer Zeit der japanischen Schwäche diktiert worden waren. Aber die Verträge bestehen noch: sonst wäre Pinkertons Haltung den Japanern gegenüber – so wie sie mit starker Einfühlungsgabe in »Madame Butterfly« geschildert wird – undenkbar.

Japan ist zur großen Mode in der abendländischen Kunst geworden. Die Poesie seiner Kirschblüten im Frühling, seines heiligen, schneegegürteten Berges Fuyijama, seiner religiösen Riten, seiner Teehäuser, vor allem aber seiner zarten, grazilen und puppenhaften Frauen, denen europäische Männerphantasie mehr Zärtlichkeit und Einfühlsamkeit zuschreibt als den eigenen, nun immer mehr »emanzipierten«, bildet eine unerschöpfliche Quelle für Dichter, Maler und Musiker. Vielleicht gab der Franzose *Pierre Loti* – mit bürgerlichem Namen *Julian Viaud* – den Auftakt, ein Weltenbummler und Marineoffizier, der über Tahiti, die Türkei, Montenegro und Island schrieb, am erfolgreichsten wohl über Japan, wo er im Jahre 1885 weilte. Er erzählt Abenteuer und läßt gerne durchblicken, daß es eigene sind. Er sucht in jedem Land eine junge einheimische Geliebte (»um die Seele des Volkes besser verstehen zu lernen«), die natürlich bezaubernd und fesselnd sind, vor allem aber von ihm selbst bezaubert und so gefesselt werden, daß sein Abschied zu Katastrophen kleineren oder größeren Ausmaßes führt. Beim Aufenthalt in Nagasaki ließ *Loti* sich (von einem der Pioniere dieser neuen Kunst in Japan, *Ueno Hikoma*) fotografieren; das am 29. Juli 1885 aufgenommene Bild zeigt ihn selbst mit seinem unzertrennlichen Freund *Pierre Le Cor,* genannt *Yves,* und vor ihnen züchtig sitzend im Kimono, der traditionellen japanischen Tracht, *O-Kiku-San. Lotis* Japanbuch, »Madame Chrysanthème« wurde unbeschreiblich erfolgreich und populär, es erlebte allein in der französischen Ausgabe fünfundzwanzig Auflagen innerhalb der ersten fünf Jahre.

André Messager, Franzose wie *Loti,* einer der prominentesten Komponisten und Dirigenten seiner Zeit, verwandelte das Buch unter dem gleichen Titel in eine vielbeachtete Oper, eine unmittelbare Vorläuferin der elf Jahre später erscheinenden »Madame Butterfly«. 1895 veröffentlichte der Engländer *Clive Holland* ein so ähnliches Buch (»My japanese wife«), daß Kenner beider behaupten, es handle sich um ein »schamloses Plagiat«, das allerdings *Lotis* Erfolg keinen Abbruch tat und *Holland* rasch reich machte. Über zahllose Bühnen ging die »japanische Teehausgeschichte«, betitelt »Die Geisha«, des englischen Komponisten *Sidney Jones,* eine 1896 in Wien uraufgeführte und heute noch gelegentlich hervorgeholte Operette. In allen diesen und ungezählten weiteren Werken, die versuchen, das erwachte europäische Interesse am fernen Osten auszunutzen, ist *Pierre Lotis* Japanbild zu spüren. Er selbst hat es in wenig schmeichelhafter Weise zusammengefaßt, wenn er das Land, in dem er so offenkundig glückliche Tage (und Nächte) verbrachte, »klein, alt, mit verbrauchtem Blut und verbrauchten Säften« nennt, »voll vorsintflutlicher Veralterung, jahrhundertelanger Versteinerung, die bald zu hoffnungsloser und grotesker Komik ausarten wird, wenn sie mit den Neuerungen des Westens zusammentrifft . . .« Er läßt keinen Zweifel daran, daß er seiner »mousmé« – was zum damals geflügelten Ausdruck für »kleine Geliebte«, »Mätresse« oder zum zärtlicheren Wort für »Dirne« wurde – überdrüssig geworden ist. Hier unterscheidet sich *Clive Holland* wesentlich von ihm, der seine »japanische Frau« nach England mitnehmen möchte. Im Eindruck von ihrem Volk wandelt er allerdings gänzlich auf den Bahnen seines Vorgängers: er findet es »winzig, spielzeughaft und lächerlich«,

Das war die allgemeine Meinung des Auslands in bezug auf dieses kaum bekannte Land zu Ende des 19. Jahrhunderts. Kein Wunder, daß das riesige Zarenreich leichtsinnig den Krieg mit diesem »Zwerg« heraufbeschwor und den geplanten »Spaziergang« mit einer katastrophalen Schlappe büßte. Denken wir ein wenig weiter, so wird klar, daß es wiederum diese Unterschätzung Japans – trotz des siegreichen Krieges gegen Rußland – war, die Österreich-Ungarn im Jahre 1914 zu einem »schnellen Straffeldzug« gegen Serbien veranlaßte. Denn da Japan schwach war – so lautete die falsche Einstellung aller europäischen Generalstäbe – mußte Rußland noch schwächer sein. Also bedeutete es keine Gefahr, das Zarenreich deutlich hinter Serbien in einer panslawischen Idee auftauchen zu sehen... Das Ende war die Zerschlagung der Habsburger-Monarchie am Ende des Ersten Weltkrieges und das nie wieder hergestellte Gleichgewicht Europas.

Vielleicht überrascht es den Leser, diese Gedanken in einem Buch über die Oper »Madame Butterfly« zu finden. Aber es ist genau diese Mentalität, aus der die Handlung dieses Dramas allein verständlich wird. Es ist zwar das große Verdienst *John Luther Longs, David Belascos* sowie der Textdichter *Puccinis* und dieses selbst, Japan nicht mehr lächerlich zu machen, wie es zuvor nahezu immer geschehen war; aber aus der Selbstherrlichkeit, mit der Pinkerton, Marineoffizier der USA, hier auftritt, spricht immer noch das Gefühl der Überlegenheit der »weißen Rasse«. Man muß seinen Text, besonders im Zwiegespräch mit dem Konsul seines Landes (im ersten Akt), genau nachlesen, um den richtigen Begriff von dieser eingebildeten Superiorität zu erhalten. Der Eindruck wird noch verstärkt durch die teilweise lächerliche Darstellung der Verwandten Cio-cio-sans, des fluchenden Priesters vor allem (der allerdings in der Revision der Oper nach dem Fiasko der Premiere wesentlich umgestaltet wurde), aber auch des grotesken »Heiratsvermittlers« oder Kupplers Nakodo Goro, der sich an Speichelleckerei und Kniefällen vor den Fremden nicht genugtun kann. Ohne die kritiklose Bewunderung Pinkertons und seiner amerikanischen Landsleute wäre die Handlung von vornherein undenkbar.

Die Rechtsungleichheit zwischen den Einheimischen und den Fremden wird im Ausgang des Dramas besonders tragisch klar. Da übergibt die Mutter ihr geliebtes Kind kampflos dem ungetreuen, der »überlegenen« Rasse angehörenden Vater und dessen »legitimer« Gattin. Sie tut es zum Wohle ihres Kindes, wie Sharpless sie überzeugt, und wie sie nach eigenen Überlegungen sich eingestehen muß: ein Geishaleben kommt ihr undenkbar vor; sie ist aus ihrer Gemeinschaft ausgestoßen, wie sollte sie da ihr Kind ernähren können? Normales Rechtsempfinden würde auf Gerichte verweisen, die einer Mutter Alimente für ihr Kind zusprechen müßten. Doch Butterfly will nicht nur kein Gericht gegen den noch immer geliebten Schuft –, schlimmer: es gibt keines.

Die Autoren der »Madame Butterfly« können immerhin ein großes Verdienst für sich in Anspruch nehmen: sie erheben die Japanerin zur Hauptrolle, zur Idealgestalt, die Millionen von Menschen gerührt hat; sie zeichnen sie rein in ihren Empfindungen, groß in ihrem Schmerz, ergreifend in ihrem freiwilligen Tod. Vor ihr verblassen alle Rechtsfragen, alle Machtansprüche, die Liebe wird zum einzigen gültigen Gesetz. Und sie zeichnen den »Weißen«, den Amerikaner so niedrig, wie seine Handlung ihn erscheinen läßt; sie verschönern nichts, sie messen nicht mit den politischen Maßstäben des Kolonialismus, sondern mit jenen des Humanismus.

Damit verhalfen sie einer Strömung zum Durchbruch, die es wahrscheinlich schon lange gab. Sie hatte ihren Ursprung in der Zivilisationsmüdigkeit, die das »alte« Europa seit geraumer Zeit zu unterminieren begonnen hatte. Sie verband sich in natürlicher Weise mit dem Fernweh, das in vielen Menschen schlummerte, mit dem Hang zur »Exotik«, die viele exquisite Geister des Abendlandes fesselte. Was Europa nicht mehr bot, das suchte man in der Fremde, bei unbekannten Völkern, den letzten Oasen außerhalb der immer weiter und alles verschlingenden westlichen Zivilisation, die dem Wohlstand nachjagte anstatt den inneren Werten, der Produktion materieller Güter statt dem Einklang mit der Natur und den Menschen. Eines der

»Traumländer« wurde der »Ferne Orient«, die Inselwelt des Pazifischen Ozeans, das Land der »aufgehenden Sonne«.

Dorthin zog es den feinsinnigen englischen Schriftsteller *Lafcadio Hearn*, der poetisch ein ganz anderes, in zarten Pastellfarben gehaltenes Japanbild zu zeichnen wußte. In die Südsee den verzweifelt europamüden Maler *Paul Gauguin*. Sein unseliger Freund *Vincent van Gogh*, der aus dem Alltag nicht ausbrechen konnte, weil er kaum in ihm lebte, begnügte sich damit, in einer träumerischen Stunde das unerreichbare Bild der »Madame Chrysanthème«, also wohl auch der »Madame Butterfly«, aus der Phantasie zu malen. *Claude Debussy* fand die weltfernen Klänge zu den Seelenlandschaften des »geheimnisvollen Ostens«. Die neuere Kunst, einschließlich des Films (»Hiroshima, mon amour« von *Alain Resnais*) entdeckte dann das dem Europäer ewig unbegreifliche Asien –, aber das ist ein anderes Kapitel. »Madame Butterfly« ist nicht nur musikalisch ein wichtiges Werk, es ist auch durchaus von anderen Seiten her zu betrachten. Und dazu wollen diese kurzen Ausführungen eine Anregung bieten.

Gedanken zu »Madame Butterfly«

1. Eine italienische Oper, deren Titel aus einem französischen und einem englischen Wort besteht. Fast müßte man deren erstes übrigens als italienisch gelten lassen, denn die Autoren nannten das Werk nicht »Madame Butterfly«, sondern »Madama Butterfly«. Aber das entscheidende Wort ist und bleibt englisch. Es rührt vom literarischen Original her, das auch in der Oper beibehalten wurde: Der Verfasser der novellenartigen Geschichte, *John Luther Long*, wie der Dramatiker, der ihr Bühnenleben einhauchte, *David Belasco*, verwendeten den Titel in dieser Form. *Puccini* behielt ihn bei, denn er schien ihm wie seinen Librettisten symbolisch. Für den amerikanischen Marineoffizier Pinkerton war Cio-cio-san, die reizende junge Geisha aus einem Teehaus in Nagasaki, nichts anderes als ein bunter, schöner, lieblicher Schmetterling, mit dem man zu spielen versucht und den man später, oft gedankenlos, mit einer Nadel durchbohrt auf ein Brett heftet. Der Name einer »kleinen Frau Schmetterling« schien für diese »Tragödie einer Japanerin« gerade richtig. Und da Englisch die Sprache nicht nur der beiden literarischen Vorlagen war, sondern auch die des Marineoffiziers, der hier die undankbare, aber durchaus lebensechte Rolle eines Schuftes spielt, blieb »Butterfly« der Name der Oper in allen Ländern.

2. Nicht ganz so verhielt es sich bei dem Namen dieses Offiziers. Diese Tenorrolle heißt nicht nur im italienischen Originaltext, sondern in der ganzen Welt Pinkerton. Nur der erste deutsche Übersetzer (*Alfred Brüggemann*) fand daran etwas auszusetzen – vielleicht wegen des im Deutschen nicht sonderlich guten Klangs, vielleicht wegen möglicher unfeiner Assoziationen – und veränderte den ersten Buchstaben, so daß der Name der männlichen Hauptrolle auf den deutschen Bühnen zu Linkerton wurde. Auch die Neuübersetzung von *Hans Hartleb* behält Linkerton bei, und das deutsche Publikum hat sich längst daran gewöhnt. Doch in unserer Zeit der weltweiten Schallplatte, der Rundfunk- und Fernsehübertragungen aus den großen

Eine berühmte Darstellerin der Madame Butterfly:
Julia Varady (München, 1973)

Opernhäusern vieler Länder kann diese Änderung Verwirrung stiften. Wir verwenden darum – außer im deutschen Operntext – stets das englische Originalwort.

3. Der heutige Opernfreund ist gegenüber seinem Vorgänger aus früheren Tagen ungleich anspruchsvoller geworden. Man kann das bedauern oder sich darüber freuen, für beides gibt es eine Anzahl von Gründen. Zu den Geboten des heutigen Musiktheaters gehört jenes eines starken oder gar bedeutenden Textbuches. Ist dieser Forderung bei »Madame Butterfly« Rechnung getragen? Der Stoff mag für eine Erzählung geeignet sein, er reicht wohl auch noch für das einaktige Theaterstück, als das ihn *Puccini* kennenlernte. Aber er ist für eine dreiaktige Opernhandlung sehr »dünn«. Wer das Textbuch aufmerksam durchliest, findet, daß es nur zum allerkleinsten Teil aus dramatischer Handlung, zum weitaus größeren aber aus pittoresken Episoden, aus an sich unwesentlichen, wenn auch »folkloristisch« wirksamen Zutaten besteht. Das gesamte Drama, das sich

vor dem Beschauer abspielt, läßt sich in sehr wenigen
Zeilen, ja genaugenommen in einem einzigen Satz wieder-
geben. Natürlich kann man die Kunst der Librettisten
bewundern, die aus dieser Minimalhandlung ein abendfül-
lendes Stück zubereitet haben. Aber es bedarf in entschei-
dendem Maße der Kunst des Komponisten, um das Interesse der Hörer wachzuhalten. Gegenüber der randvoll mit
Spannung befrachteten Handlung der »Tosca« bildet
»Madame Butterfly« gewissermaßen den entgegengesetz-
ten Pol: »Tosca« ist auch ohne Musik ein packender Theaterabend – wie *Sardou* überzeugend bewiesen hat –,
»Madame Butterfly« wäre als dreiaktiges Sprechstück von
vornherein eine Totgeburt.

4. Ist *Puccinis* Musik in ihrem Stil einer bestimmten Richtung
zuzuordnen? In manchen Werken wird er dem Verismus
zugezählt, also der musikdramatischen Form des Naturalismus. In diese Gruppe gehören »Cavalleria rusticana« von
Mascagni, »I Pagliacci« (»Der Bajazzo«) von *Leoncavallo*,
»Andrea Chenier« von Giordano, »Tiefland« von *Eugen
d'Albert*, »Mona Lisa« von *Schillings*, »Der Evangeli-
mann« von *Kienzl*. Die beiden frühen *Richard Strauß*-
Dramen »Salome« und »Elektra«, die vom Text her geradezu Musterbeispiele des krassesten Naturalismus genannt
werden müßten, werden nach allgemeiner Ansicht durch
die musikalische Behandlung zu »expressionistischen«
Werken, eine Zuordnung, der nicht unbedingt beigepflich-
tet werden muß.

Ist es überhaupt möglich, lebendige Werke von großer
Vielfalt einem eng abgegrenzten Stil einzuordnen? Und
noch wichtiger: ist es notwendig? Wem nützt es? Dem
Werk nicht und dem Hörer kaum. Gerade dies ist das
Problem bei Puccini. Naturalistische Dramen – hier ist der
Begriff eher eindeutig – müssen nach ihrer Vertonung nicht
unbedingt veristische Opern ergeben. Denn . . . die Musik
widersetzt sich in ihrer tiefsten Beschaffenheit der Vorder-
gründigkeit des Naturalismus; sie mildert von selbst die
Kraßheiten seines Wesens, sie leitet zu Kontemplation und
Poesie, sie soll blutvoll sein, aber nicht blutrünstig, sie kann
schneidend sein, aber nicht grausam. Zum Verismus
gehört, ungeschrieben gewissermaßen, die Grundlage des

Alltäglichen: was geschieht, geschieht keinem »Auserwählten«, keinem »Besonderen«, sondern kann jedem geschehen. Der Ort der Handlung ist eine Stätte des Alltags. Die Szenen der »Bohème« passen noch in diesen Rahmen, in »Tosca« wird er gesprengt, in »Madame Butterfly« ist er nicht mehr vorhanden. Das Drama der Japanerin, die an einem Vertreter der »westlichen Zivilisation« zerbricht, ist ein Einzelfall. Zudem besitzt gerade dieses Werk mehr Lyrik, mehr Poesie, mehr Augenblicke nicht alltäglicher Stimmung als die vorangegangenen. Und das deutet nicht auf Verismus, sondern auf Romantik. Die Exotik, in der sich hier alles abspielt, stand seit jeher der Romantik nahe. Man geht wohl nicht fehl, wenn man »Madame Butterfly« als ein spätromantisches Werk bezeichnet; es hat, seiner Entstehungszeit gemäß, Einflüsse von Verismus und Impressionismus in sich aufgenommen, ohne aber einer dieser Richtungen anzugehören.

5. *Puccini* nannte sich selbst einmal einen »Komponisten der kleinen Dinge«, und in dieser Selbstbeschreibung steckt mehr als nur Bescheidenheit. Die welterschütternden Probleme sind *Puccinis* Sache nicht. Es geht nicht um Krieg und Frieden, um das Schicksal der Mächtigen, um Staatsaktionen oder gar Götterdämmerung. Am Muff, den (in der »Bohème«) eine Sterbende zum Wärmen ihrer kalten Hände benutzt, erwärmt sich auch *Puccinis* Phantasie, die zärtlichen Hände der Geliebten werden (in »Tosca«) zum Motiv einer großen Melodie, und das Mosaik aus hundert Gedanken und Empfindungen formt in »Madame Butterfly« die Stimmung, die Atmosphäre, die letzten Endes den wahren Reiz dieser Oper ausmacht. *Puccini* war der Komponist von Stimmungen, von atmosphärischem Zauber, von Gemütserregungen. Seine Musik malt immer wieder Emotionen. »Ich habe mehr Herz als Verstand«, ist ein anderes der Worte, die er auf sich selbst münzte. Oft genügen wenige Takte, ja eine kurze melodische Floskel, einige Akkorde, um den Hörer in jene Atmosphäre tauchen zu lassen, die zum Verstehen, nein, zum Erfühlen des Werkes notwendig ist. Mit wenigen Strichen hebt *Puccini* das Wesentliche, das Entscheidende hervor. Die Romantik war weitschweifiger, liebte sozusagen »das große Ge-

mälde«; *Puccini* steht an ihrem Ende, dort wo an einer ihrer Randzonen vorübergehend der Impressionismus aufgetreten war. Er liebte die »Kleinmalerei«. Seine Miniaturen haben fast nie eine Naturstimmung zum Vorbild, sondern stets solche des menschlichen Herzens. Und das menschliche Herz bleibt *Puccinis* größtes, sein ständiges Thema. Er malt es in hundert verschiedenen Regungen, und das an sich »kleine Ding« wird zum Universum. Er war immer wieder und vor allem ein Menschenschilderer. Ein geborener Psychologe, dessen tiefe Kenntnis der menschlichen Seele nicht von der Wissenschaft herkam, sondern aus dem Leben.

6. Und *Puccini* war ein Sänger der Liebe, wie es wenige gab. Die Liebe riß ihn zu Höchstleistungen mit, sie ließ ihn seine schönsten Melodien entfalten, die glücklichen wie die schmerzlichen, die spielerischen wie die todernsten. Unter seinen insgesamt zwölf Bühnenstücken gibt es nur ein einziges, in dem die Liebe nicht im Mittelpunkt steht: das Lustspiel »Gianni Schicchi«. Selbst in »Suor Angelica« bildet die Liebe, wenn auch in Form der Erinnerung, die Grundlage des Dramas. Man wird einwenden, das sei nicht nur bei *Puccini* so: da die Musik sich nun einmal besonders zur Schilderung der Liebe eigne, bilde sie eben das Hauptthema der Opernwerke. Das ist wirklich wahr, aber dennoch ist *Puccinis* Fähigkeit, Facetten der Liebe in Musik umzusetzen, besonders hervorstechend. Bei »Madame Butterfly« in höchstem Maße: hier werden mit der Liebe zugleich die Treue und die Opferbereitschaft besungen. Und es wird ihnen im gleichen Augenblick ihr Gegenteil vorgehalten: die rein körperliche Sexualität, die Untreue, die Skrupellosigkeit.

7. Die wertvollen Eigenschaften finden sich in der »kleinen Frau Schmetterling« verkörpert, in Cio-cio-san, der Japanerin; die schlechten in Pinkerton, dem US-Marineoffizier, der zu kurzem Aufenthalt in Nagasaki stationiert ist. So gehört Butterfly zu den »schönsten« Opernrollen, Pinkerton zu den »Bösewichtern«. Die Tragik des Stückes liegt nicht zuletzt darin, daß hier nicht, wie sonst so oft, die »Gerechtigkeit« siegt. Das Gute, Reine, Edle geht unter, das Leichtsinnige, Gefühllose siegt: der Schritt vom 19. ins

20. Jahrhundert ist vollzogen, die in »klassischen« Zeiten noch selbstverständliche »ausgleichende Gerechtigkeit« macht jener Ausweglosigkeit der Themen Platz, durch die sich die Literatur der neuen Zeit von jeder früheren abhebt.

8. Es wäre beim Musiker *Puccini* nicht leicht zu sagen, welchem der Elemente, die in der Tonkunst zusammenströmen, bei ihm der Vorrang gebührt. Seine Melodie, von den Gegnern oft als »süßlich« abgetan, ist außerordentlich ausdrucksvoll; sie ist eher kurzatmig und bereits weit von einer »klassischen« Gliederung entfernt. Doch finden sich in großen lyrischen Szenen auch weitgeschwungene Melodiebögen, vor allem natürlich dort, wo die italienische Oper seit jeher ihre stärksten Eingebungen einsetzt: in allerdings seltener gewordenen Arien.

Kaum weniger interessant ist der Harmoniker *Puccini*. Hier geht er weit über seinen Vorgänger *Verdi* hinaus. Seine Akkordfolgen sind ebenfalls in erster Linie vom Ausdruck bestimmt; sie gehen oft in damals recht »moderne« Bildungen hinein. Mit ihrer Hilfe weiß der Komponist vielen seiner Szenen geballte Spannung zu vermitteln. Das dritte der musikalischen Elemente, der Rhythmus, ist bei *Puccini* sehr variabel und abwechlungsreich, ohne allerdings weit über das damals in der abendländischen Musik gebräuchliche Maß hinauszugehen. Hingegen war es ihm vergönnt, das vierte Element, die Klangfarbe, so auszubauen, daß selbst die Feinde nicht leugnen können, in ihm einen Meister der Instrumentation zu sehen.

9. »Wenn ich instrumentiere, komme ich mir vor wie ein Maler«, so schildert *Puccini* selbst diesen wichtigen Teil seiner Arbeit. Manches Jahrhundert lang kannte die europäische Musik nur die drei Elemente der Melodie, Harmonie und des Rhythmus. (In noch früheren Zeiten hatte sie sogar ihre Musik des frühen christlichen Kirchengesangs nur aus dem einzigen Element der Melodie gebildet, und selbst dieses gehorchte noch anderen Gesetzen als später.) Erst mit einer Weiterentwicklung der Instrumente begann die Barockmusik, die Klangfarbe als eigenes Element zu hören und zu empfinden. Die Klassik und noch entschiede-

ner die Romantik gingen dann daran, jedem Klang – seien es Melodien oder Harmonien – die für ihn als spezifisch empfundenen Instrumente mit ins Leben zu geben. Das 19. Jahrhundert bildete die Orchestertechnik so weit aus, daß jedes Instrument zur Führung einer Melodie geeignet sein konnte. Der Komponist »empfand« beim Erfinden oder Finden einer Melodie, in welchem Instrument sie seiner Vorstellung am ehesten entspräche. *Berlioz, Mendelssohn, Liszt, Wagner* führten die Kunst der Instrumentation auf erste Höhepunkte. *Mahler, Richard Strauß, Skriabin* folgten, es waren die Vertreter der Generation *Puccinis.* Nun konnte man in Tönen wahrhaft so »malen« wie in Farben. Und so wird *Puccinis* Ausspruch verständlich: wie der Maler eine vorher zumeist wenigstens angedeutete Bleistiftskizze durch das Anlegen der Farbe zum von ihm erträumten Kunstwerk umsetzte, so versuchte nun der Orchesterkomponist, mit Hilfe der »Orchestrierung« dem Klangbild die von ihm gewünschten »Farben« zu geben. Es gab ungezählte solcher Klangfarben, gerade wie im Bereich der Malers; denn neben den »reichen« Grundfarben – des Klanges einer Flöte, einer Oboe, einer Klarinette usw. – gibt es natürlich die Mischung verschiedenster »Farben«. Der Klangphantasie waren kaum Grenzen gesteckt. *Puccini* wußte diese neuen Freiräume zu nutzen; selbst einer der ganz großen Meister der Instrumentation im 20. Jahrhundert, *Maurice Ravel*, war ein Bewunderer *Puccinis* auf diesem Gebiet.

10. Es ist *Puccini* manchmal allen Ernstes vorgeworfen worden, er sei kein »echter« Komponist; denn seine Musik könne nicht für sich allein, sondern nur im Zusammenhang mit Text und dramatischer Handlung bestehen. Welch ungeheuerliche Verkennung! Die Zeiten hatten sich seit dem 18. Jahrhundert, seit *Mozart*, seit den Belcanto-Sängern des 19. Jahrhunderts grundsätzlich gewandelt. Damals gab es »die Melodie an sich« –, die Melodie, der man sogar, wie es oft geschah, einen ganz andern Text als den ursprünglichen unterlegen oder die man rein instrumental ohne Worte ausführen konnte. Das mag für die Schönheit einer Melodie sprechen, ist aber kein Beweis für ihre dramatische Eignung. Zu Beginn des 20. Jahrhun-

derts, zu *Puccinis* Zeit, ist die alte Oper tot; nur ihre Meisterwerke leben auf allen Theatern der Welt. Kein Komponist hingegen könnte in ihrer Art Neues schaffen. Der enge Zusammenhang zwischen Text und Musik, zwischen dramatischer Situation und Musik, zwischen Stimmung und Musik muß nahtlos vorhanden sein. Jede Opernszene hat ihre eigene Atmosphäre, wird unverwechselbar, und zu ihrer Schilderung gehören Wort und Musik in unlösbarer Einheit und Durchdrungenheit. *Puccini* erfüllt dieses Gebot restlos; er ist kein »abstrakter« Komponist. Seine Melodien führen kein Eigenleben, wollen es gar nicht führen. Wer bei ihm so vorgehen wollte, wie es bei *Mozart* durchaus legitim ist: mit Hilfe einer rein musikalischen Analyse den Wert der Komposition zu ermitteln, der handelte unfair gegen *Puccini*. Und käme natürlich ebensowenig zu einem vernünftigen Ergebnis wie jedermann, der die Schönheit einer Meereslandschaft am Salzgehalt des Wassers ablesen wollte.

11. Puccini war, daran besteht heute kein Zweifel, einer der echten und großen Theatermusiker. Das bedeutet eine eigene Kategorie von Musik; sie mag dem Anhänger der »absoluten Musik« – etwa dem Liebhaber des Barocks oder der klassischen Kammermusik – fremd sein, ihm zu wenig erscheinen. Vielleicht ist Musik ohne »absoluten« Wert für ihn keine wirkliche Musik. Aber es gibt die Opern- oder Theatermusik als eigenständige Kategorie. Vergleiche sind sinnlos, denn »absolute« Musik und Opernmusik haben – zu gewissen Zeiten der Musikgeschichte – nichts miteinander gemein: weder die Zielsetzung noch die Grundsätze. *Puccini* erfüllte die ureigensten Gesetze des Musiktheaters. In seinen Opern gewinnt das Drama durch die Musik eine neue Dimension.

12. Einer seiner Biographen (*Orlando Martinez*) hat gemeint, *Puccinis* Werk ließe sich, stark vereinfacht, auf die Formel bringen: Liebe, Schmerz, Tod. Das stimmt bei einigen seiner Opern, aber es stimmt auch bei Tausenden anderer Opern. In »Madame Butterfly« gewinnt diese Dreiheit aber geradezu handgreifliche Bedeutung: der erste Akt besingt die Liebe, der zweite den Schmerz, der dritte den Tod. Doch *Puccinis* Palette ist umfangreicher als in dieser Formel ange-

deutet. So wie es sinnlos wäre, von Nacht zu sprechen, ohne deren Gegenstück, den Tag, einzubeziehen, so ist bei *Puccini* zu jeder der genannten Situationen auch deren Gegenpol vorhanden: zur Liebe der Haß, zum Schmerz die Freude, zum Tod das Leben. Vielleicht sind sie schwächer ausgeprägt als Liebe, Schmerz und Tod, die wirklich als Grundelemente in *Puccinis* Opern gelten können; aber sie sind vorhanden. Und gerade aus dem Kontrast erzielt der geborene Dramatiker *Puccini* seine stärksten Wirkungen.

13. Bei der Fülle der Liebesszenen in *Puccinis* Werk drängt sich wohl manchem Beobachter die Frage auf, ob der Komponist dieses Gefühl, das ihn so sichtbar bewegte wie kein anderes, oft und in voller Stärke erlebte. Als *Tschaikowskys* Brieffreundin *Nadjeschda von Meck* ihm einmal diese Frage stellte, antwortete er, dessen vielfach gespaltenes Innenleben klare Antworten kaum zuließ: »Ja und nein...« Was hätte *Puccini* einem Befrager geantwortet? Sein Gefühl für *Elvira* war von starker Leidenschaft geprägt, der gegenüber die wahre tiefe Herzensliebe wohl ein wenig im Hintergrund gestanden haben dürfte: denn als in Jahren des Zusammenlebens die Leidenschaft erkaltete, blieb kaum etwas übrig, außer der Gewohnheit und dem Wissen um die Schwächen des anderen. *Corinna,* die piemontesische Studentin, die den reifen Meister zu fesseln wußte, war durch die räumliche Distanz wohl mehr Objekt der Sehnsucht als der Erfüllung; sie unterlag *Elvira* nach bitterem Kampf, sie erlag den äußeren Umständen, die sich durchwegs gegen sie verschworen zeigten und zugunsten *Elviras* wirkten. Und dann gibt es im Leben *Puccinis*, neben sicherlich manchem flüchtigen Abenteuer, den »Fall Doria«: da war ein junges Mädchen, das in seinem Hause angestellt war und den Meister glühend bewunderte und verehrte. *Dorias* Gegenwart tat dem alternden Manne wohl, er erzählte ihr, vertraute sich ihr an, denn er spürte, mit welcher Hingabe sie ihm zuhörte. Mehr war es wohl nicht, aber *Elvira* entfesselte, von geradezu krankhafter Eifersucht getrieben, einen so haßerfüllten Kampf gegen das junge Mädchen, bis es sich in einem Anfall furchtbarer Verzweiflung das Leben nahm. Es war ein Schlag, den *Puccini* bis an sein Lebensende nicht überwinden konnte.

Daß er trotzdem bei *Elvira* blieb, dürfte auf seinen Hang zur Gewohnheit, auf der Notwendigkeit einer vor allem »ruhigen« Häuslichkeit beruhen, die er zur Arbeit brauchte; vielleicht auch auf den immer unübersehbareren Symptomen seiner Krankheit, die ihm eine plötzliche dramatische Veränderung seines Lebens undenkbar erscheinen ließen –, wenn er jemals überhaupt dazu fähig gewesen war. Der große Dramatiker des Musiktheaters liebte das undramatische Leben. In das trat, nach der Mitte seines Daseins, *Sybil Seligman* in London, die überaus kultivierte Gattin eines reichen Mannes; sie stand ihm freundschaftlich näher, war ihm geistig verbundener als wohl jemals irgendeine andere Frau; vieles, was er sonst niemandem – auch *Elvira* nicht – anvertrauen wollte, schrieb oder sagte er *Sybil.*

14. Wer *Puccinis* Leben oberflächlich überblickt, gewinnt den Eindruck einer allgemeinen »Leichtigkeit«. Es sieht aus, als flöge ihm alles zu: Werke, Erfolge, Menschen. Aber der Schein trügt. *Puccini* gehörte keineswegs zu den mühelos Schaffenden. »Man muß sich die Manuskripte Puccinis angesehen haben, die übersät sind mit Verbesserungen, um zu erkennen, unter welcher Anstrengung diese angeblich so ›leichte‹ Musik entstand...«, schreibt *Arnaldo Fraccaroli*, dem *Puccini* selbst noch viele Erinnerungen aus seinem Leben erzählen konnte. Und *Juan Manén*, der bedeutende spanische Geiger meinte, viele Musiker unterschätzten *Puccini*, weil sie nie eine seiner Partituren sahen: »Die sind wunderbar: hier fehlt keine Kleinigkeit, und keine ist zuviel. Alles ist sorgfältig, gut ausgewogen, meisterlich entworfen. Es gibt keine Zufälle darin, und so klingt auch alles...« Mit dieser aufreibenden Arbeit erklären sich auch die verhältnismäßig langen Zwischenräume von Werk zu Werk. Der junge *Verdi* mußte jährlich mindestens eine neue Oper schreiben, bei dessen Vorgängern *Rossini, Bellini, Donizetti* waren es noch mehrere gewesen. *Puccini* brauchte nach »Manon Lescaut« drei Jahre bis zur Fertigstellung der »Bohème«, von dort zur »Tosca« und von dieser zu »Madame Butterfly« waren es jeweils vier Jahre. Nach »Madame Butterfly« gibt es eine Zeitspanne von sechs Jahren bis zum »Mädchen aus dem goldenen

Westen«. Sieht man von der kleineren Operette »La Rondine« (Die Schwalbe) ab, so vergingen danach ganze acht Jahre bis zum »Triptychon«. Und als *Puccini* sechs Jahre später starb, blieb »Turandot« unvollendet. Nein, *Puccini* war alles eher als ein Schnellschreiber. Und mühelos war sein Schaffen nie. Auch die Erfolge flogen ihm nicht zu. Er mußte sich durchkämpfen, wo seine Rivalen *Mascagni* und *Leoncavallo* mit einem Schlag reich und berühmt wurden. Er war 35 Jahre alt, als »Manon Lescaut« ihn in Italien bekannt machte. Mit 46 dann, im Jahre der »Madame Butterfly«, war er der meistgespielte lebende Opernkomponist der Welt. Von Leichtigkeit kann man auch in der Beziehung zu Menschen kaum sprechen. Er hatte viele »amici«, wie es bei seiner Popularität und Herzlichkeit nicht anders sein konnte; aber seine wahren Freunde konnte man an den Fingern einer Hand abzählen. Er war verschlossen, ließ nahezu niemanden in die Tiefe seines Innern blicken. Es war leicht, ihm nahe zu kommen, aber unendlich schwer, den letzten Zugang zu seinem Herzen zu finden.

15. *Puccini* war äußeren Ehrungen, Auszeichnungen und Titeln gegenüber fast ebenso abweisend wie sein großer Vorgänger *Verdi*. Zwar schickte er keine Orden dem verleihenden Minister zurück, wie *Verdi* es getan hatte, aber er ging öffentlichen Feiern, die ihn ehren sollten, unter allen erdenklichen Vorwänden aus dem Wege. Er war ein unpolitischer Mensch. An dem Wutausbruch Italiens beim Eintritt in den Ersten Weltkrieg gegen Österreich nahm er nicht teil. Wien war stets eine seiner Lieblingsstädte gewesen, und kaum irgendwo anders wurde er so gefeiert wie hier. Als der Faschismus die Herrschaft in Italien antrat, ließ *Mussolini* ihn durch den König zum »Senator« ernennen. Es war ein bloßer Titel ohne irgendeine Aufgabe, eine Ehrung, die den illustren Männern Italiens zugedacht war. *Puccini* führte den Titel nie. Aber er unterzeichnete in der Folge einige Briefe an gute Freunde mit: »Giacomo Puccini, Sognatore«. Das klingt ähnlich wie »Senatore«, heißt aber nicht »Senator«, sondern »Träumer« . . .

16. Ein Träumer war er wohl, obgleich alle, die mit ihm zu tun hatten, allen voran seine Biographen, darin übereinstim-

men, daß er fest im Leben stand, sachlich und sehr genau sein konnte. Wahrscheinlich ist jeder schöpferische Künstler irgendwo tief in seinem Innern ein Träumer. *Puccini* träumte nicht, wie viele, von Landschaften, sondern immer wieder von Menschen. Darum gibt es auffallend wenige Naturschilderungen in seiner Musik. Die fallenden hohlen Quinten, die im dritten Bild der »Bohème« den leise in den grauen Wintermorgen fallenden Schnee über den Vorstädten von Paris malen, drücken mehr menschliche Einsamkeit aus als ein Landschaftsbild; das trübe Wasser der Seine im »Tabarro« (Der Mantel) ist mehr Symbol für den Seelenzustand des alten Schiffers als Ansichtskarten-Paris. Und nicht anders darf das musikalische Bild der »Wüste« in »Manon Lescaut«, das der wilden Umwelt um das Goldgräbercamp im »Mädchen aus dem goldenen Westen« verstanden werden. Viel Natur spielt eigentlich vor allem in »Madame Butterfly« mit, aber auch hier wird sie zu einem Element des Dramas: die blühenden Kirschbäume im japanischen Frühling sind ein Abbild von Cio-cio-sans reiner, sich dem Leben öffnender Seele. Kein Verismus also, und keine Tonmalerei um ihrer selbst willen.

17. Veristisch ist *Puccini* vielleicht am ehesten in seiner Zurückdämmung von Ouvertüren und Arien. Beides sind Forderungen der naturalistischen Oper. »La Bohème« und »Tosca« besitzen überhaupt keine Vorspiele; nach wenigen Klängen oder Akkorden, nach Sekunden nur, geht der Vorhang auf. »Madame Butterfly« weist eine etwas längere Einleitung auf: eine regelrechte Orchesterfuge (die möglicherweise in ihrer Beweglichkeit auf das bunte Treiben des »Hochzeitstags« vorbereiten soll). Trotzdem kann man kaum von einer »Ouvertüre« sprechen, zu der mehrere Themen und eine größere Ausdehnung nötig wären. Es ist, auch hier wieder, eine rein stimmungsmäßige Einführung in die erste Szene, was durchaus den Forderungen des Verismus entspricht. Ihnen kommt auch der nahezu völlige Verzicht auf Arien entgegen. Genaugenommen, gibt es nur eine einzige: Butterflys großartigen Sehnsuchtsausbruch »Un bel dì vedremo...« (Eines Tages sehn wir). Und dieser ist eher als dramatische Szene anzusprechen denn als Arie: Cio-cio-san malt sich Pinkertons Rückkehr

270

aus. Die Einfahrt seines weißen Schiffes in den Hafen, ihre brennende, kaum noch zu bändigende Erwartung. Sie wird ihm nicht entgegenstürzen –, ein wenig wohl aus Neckerei … Doch der wahre Grund ist ein anderer: sie käme kaum lebend in seine Arme, schon der Gedanke daran droht ihr das Herz zu zersprengen. Dann wird er rufen … Es ist eine der ganz großen, erschütternden Opernszenen der Weltliteratur. Eine dramatisch begründete und damit die Forderungen des Verismus nach Wirklichkeitsnähe erfüllende Arie, kein aufgesetztes Schmuckstück, keine ins Publikum zu donnernde Bravourleistung. Ein Seelengemälde subtilster Farben, eine Charakterzeichnung, das Bild eines unendlich liebenden menschlichen Herzens.

18. Ein kleines Kuriosum müßte zum genauen Namen des »Helden« dieser Oper – außer der Differenz zwischen dem Italienischen (Pinkerton) und dem Deutschen (Linkerton) – noch angemerkt werden. In unserem vorliegenden Text wird der Amerikaner »Benjamin Franklin Pinkerton« genannt. Öfters aber wird von »F. B. Pinkerton« gesprochen. Woher kommt diese Umdrehung? Der verdienstvolle Autor des Revisionsberichts, *Michelangelo Abbado* (im Klavierauszug des Hauses *Ricordi*) hat festgestellt, daß im Autograph *Puccinis* an zwei Stellen – bei der Hochzeitszeremonie in der Partie des Kommissars und bei Sharpless' Besuch, den er der verlassenen Butterfly im zweiten Akt abstattet – »Sir Francis Blummy Pinkerton« stand, woher zweifellos das »F. B.« kommt, das jeweils im italienischen Text steht. Wie wurde dann »Benjamin Franklin Pinkerton« daraus und damit das »B. F.«, das im Deutschen angegeben wird? Irrtum oder Anspielung auf den historischen *Benjamin Franklin,* nach dem viele Amerikaner ihre Söhne nannten?

19. Noch ein Wort zu den Unterschieden bei den japanischen Namen im italienischen und im deutschen Text. Der Autor der neuen deutschen Übersetzung, *Hans Hartleb,* hat einige vorher ungenau oder falsch zitierte Namen richtiggestellt: er hat unter anderen »O Kame« in »O Kami« geändert, »Omara«, das Stadtviertel von Nagasaki, in »Omura« und »shosi« in »Tscho-ji«.

271

Geburtshaus Giacomo Puccinis in Lucca

Kurze Biographie Puccinis

1712 Dem aus dem Bergdorf Celle bei Pescaglia (Toskana) stammenden und in Lucca niedergelassenen Ahnen des »Tosca«-Komponisten wird ein Sohn geboren, den er Giacomo nennt. Dieser wird im Jünglingsalter nach Bologna geschickt, um beim berühmten Padre Martini, der höchsten musikalischen Autorität seiner Zeit, Musik zu studieren.

1739 Der genannte Giacomo Puccini, Ururgroßvater des Opernkomponisten, wird auf Empfehlung seines Lehrers Organist und Kirchenkapellmeister in Lucca.

1747 Antonio, Sohn des Giacomo, in Lucca geboren.

1771 Domenico, Sohn des Antonio, in Lucca geboren.

1781 Giacomo in Lucca gestorben. Sein Sohn Antonio übernimmt seine musikalischen Ämter.

1813 Michele Puccini, Sohn des Domenico, in Lucca geboren. Auch er wird, wie alle seine Vorfahren der Familie, Kirchenmusiker und Komponist geistlicher Werke.

1815 Domenico stirbt, nur 44 Jahre alt, eines nie aufgeklärten, möglicherweise Vergiftungstodes. Sein Sohn Michele wird trotz der schwierigen materiellen Lage der zurückgebliebenen Familie mit besonderer Sorgfalt zum Musiker ausgebildet, studiert in Neapel bei Donizetti und Mercadante, um dann in der Heimatstadt Lucca nicht nur die Ämter der Vorfahren, sondern auch die Leitung des Konservatoriums übernehmen zu können.

1858 In der Ehe Michele Puccinis mit Albina Magi wird am 22. Dezember nach sechs Töchtern (Ottilia, Tomaide, Iginia, Nitteti, Macrina und Ramelde Onfale Aleluia) endlich ein Sohn geboren, der den Namen *Giacomo* erhält.

1864 Tod Vater Micheles im Alter von 51 Jahren. Der wenig mehr als fünfjährige Giacomo verbleibt in der Obhut der aufopfernden Mutter und erhält ersten Musikunterricht durch Carlo Angeloni, der Schüler Michele Puccinis gewesen war. Eine kleine städtische Pension sichert das Überleben der zahlreichen Familie, die noch kurz nach des Vaters Tod durch einen zweiten Sohn vergrößert wird. In einem durchwegs sehr liebevollen Verhältnis aller Familienmitglieder liegt, ganz nach italienischer

Der Ururgroßvater des Komponisten,
Giacomo Puccini, der als Organist und Kirchenkapellmeister
in Lucca wirkte (1712–1781)

Tradition, die stärkste Aufmerksamkeit und Erwartung
auf dem ältesten Sohn: Giacomo.

1872 Ohne nennenswerte Begeisterung wird der Halbwüchsige Organist in kleinen Gemeinden rund um die Vaterstadt Lucca. Außerdem stellt er ein kleines Tanz- und Unterhaltungsorchester zusammen, mit dem er in der Stadt und einigen nahen Badeorten an der Küste auftritt.

1877 In der Kirche San Paolino in Lucca wird zum ersten Mal eine Komposition Giacomos aufgeführt: eine Motette, die ein Jahr zuvor bei einem Wettbewerb nicht einmal in Betracht gezogen worden war.

1879 Puccini hört in Pisa Verdis »Aida«. Er beschließt endgültig, einer schon länger in ihm spürbaren Unruhe nachzugeben und der in der Familie traditionellen Laufbahn eines Kirchenkomponisten zugunsten der Oper zu entsagen. Dazu wird es notwendig, in eine »Opernstadt« zu übersiedeln: die Familie entschließt sich für Mailand.

1880 Mit einem von der italienischen Königin gewährten Stipendium und der tatkräftigen Beihilfe eines Verwandten (Dr. Nicolao Cerù) bezieht Puccini das Mailänder Konservatorium, wo er Schüler von Antonio Bazzini und des kurz zuvor durch den Erfolg seiner Oper »La Gioconda« berühmt gewordenen Amilcare Ponchielli wird. Eine Zeitlang teilt Puccini eine kärgliche Behausung mit dem um fünf Jahre jüngeren Mitschüler Pietro Mascagni, der 1884 wegen »völliger Unzulänglichkeit« aus dem Konservatorium ausgeschlossen wird, sich aber wenige Jahre später mit »Cavalleria rusticana« glänzend revanchieren kann. Am 12. Juli wird in Lucca eine Messe Puccinis (»Messa di Gloria«) erstmals gesungen.

1883 Im Mailänder Konservatorium wird eine Prüfungsarbeit Puccinis, das »Capriccio Sinfonico« mit starkem Erfolg gespielt. Damit verabschiedet er sich glanzvoll von seiner Studienzeit.

1884 Puccini erringt am 31. Mai im Teatro dal Verme, Mailand seinen ersten Bühnenerfolg mit der Oper »Le Villi«, die er auf einen nach deutschen Sagen bearbeiteten Text komponierte.

1886 Das Liebesverhältnis Puccinis mit der verheirateten Elvira Gemignani führt zur gemeinsamen Flucht aus Lucca, bei der Elviras Tochter Fosca mitgenommen wird. Am 23. Dezember wird in Monza beider (einziger) Sohn Antonio geboren.

1889 Wenig günstige Aufnahme von Puccinis zweiter Oper »Edgar« in der Mailänder Scala am 21. April, woran allerdings ein schwacher Text die hauptsächliche Verantwortung trägt. Puccini denkt zum ersten Mal an eine Vertonung des Dramas »Tosca« von Victorien Sardou.

1891 Reise nach Hamburg zur deutschen Erstaufführung von »Le Villi«. Tod des Bruders Michele, eines begabten, aber unglücklichen Musikers, in Rio de Janeiro.

1893 Durchschlagender Erfolg der dritten Oper, »Manon Lescaut«, die am 1. Februar im Turiner Teatro Regio erstmals erklingt und noch im gleichen Jahr an zwölf weiteren italienischen sowie fünf wichtigen ausländischen Bühnen gespielt wird. Mit dem schnell einsetzenden Ruhm bessert sich Puccinis bis dahin äußerst ange-

Giacomo Puccini, 1905.
Das Foto widmete er Giulio Ricordi

spannte materielle Lage. Das Mailänder Verlagshaus Ricordi erwirbt gegen eine lebenslängliche Rente die Option auf seine Werke, die Einnahmen aus Aufführungen steigen schnell an. Aus den Erträgen der »Manon Lescaut« kauft Puccini das Familienhaus in Lucca zurück, das beim Tode der Mutter verkauft werden mußte. Puccini liest Henri Murgers Roman »Scènes de la vie de Bohème« und beschließt dessen Vertonung.

1896 Genau drei Jahre nach »Manon Lescaut«, am 1. Februar, und im gleichen Theater in Turin erlebt »La Bohème« ihre Premiere, die keinen einhelligen Erfolg zeitigt. Es dirigiert Arturo Toscanini, die Hauptrollen der Mimi und des Rudolf singen Cesira Ferrani und Evan Gorga. Aufführungen in Rom und Palermo bahnen noch im gleichen Jahr den sehr bald weltweiten Triumph dieser Oper an.

1897 Die in Aussicht genommene Arbeit an der nächsten Oper – »Tosca« – erleidet vielerlei Verzögerungen, vor allem weil Puccini seine »Bohème« in viele Städte beglei-

Giacomo Puccini in einer Karikatur von Cappiello,
Paris 1898

tet. Das auf den gleichen Text komponierte Werk seines
Rivalen Leoncavallo fällt bei der Uraufführung in Venedig durch.

1898 Anläßlich der »Bohème«-Premiere ist Puccini in Paris,
wo er Zusammenkünfte mit dem berühmten Dramatiker
Victorien Sardou hat, dem Autor des Schauspiels »La
Tosca«, das mit der legendären Tragödin Sarah Bern-
hardt auf zahllosen Theatern Europas das Publikum
hinriß. Puccini macht sich nach seiner Rückkehr energisch an die Komposition der neuen Oper, die am
18. August bis zum Finale des 1. Aktes, dem »Tedeum«
gediehen ist; über dessen liturgische Form konsultiert er
einen befreundeten Kleriker.

1899 Am 16. Juli beendet Puccini den zweiten, am 29. Septem-
ber den dritten Akt und damit die gesamte Oper
»Tosca«. Im Oktober entbrennt eine heftige schriftliche
Auseinandersetzung mit Giulio Ricordi, der am dritten
Akt Wesentliches auszusetzen findet, sich aber schließ-
lich Puccinis Argumenten anschließt.

Puccini und sein Textdichter Illica
(Foto: Magrini)

1900   Am 10. Juni fährt Puccini nach London, wo im Königli-
        chen Theater Covent Garden »Tosca« gespielt werden
        soll. Während dieses Aufenthalts besucht er das Duke of
        York-Theater, wo ein amerikanisches Drama seit eini-
        gen Wochen gespielt wird: »Madame Butterfly« von
        David Belasco nach einer 1898 im »Century Magazine«
        publizierten Kurzgeschichte des Rechtsanwalts und
        Schriftstellers John Luther Long. Puccini entschließt
        sich, aus diesem Stück eine Oper zu gestalten.

1901   Am 7. April teilt Puccini seinem Textdichter Illica mit,
        daß die Vertonungsrechte der »Madame Butterfly« end-
        lich erworben wurden und man an die Arbeit gehen
        könne.

1903   Ein Autounfall in der Nacht vom 25. zum 26. Februar, auf
        der Heimfahrt von einem Arztbesuch in Lucca zu seinem
        Haus in Torre del Lago, unterbricht, da die Heilung eines
        komplizierten Beinbruchs äußerst schmerzhaft und lang-
        wierig ist, für einige Zeit die Arbeit an der neuen Oper.
        Am 27. Dezember, abends um 11 Uhr, vollendet Puccini
        »Madame Butterfly« in seinem Hause in Torre del Lago.

1904   Am 3. Januar dieses Jahres heiratete Puccini seine lang-
        jährige Lebensgefährtin Elvira.
        Am 17. Februar wird »Madame Butterfly« in der Mailän-
        der Scala uraufgeführt. Die Titelrolle singt die promi-
        nente Rosina Storchio, den Linkerton der nicht minder
        namhafte Tenor Giovanni Zenatello, am Dirigentenpult
        waltet Cleofonte Campanini. Es kommt zu einem der
        schlimmsten Theaterskandale der Operngeschichte. Die
        Autoren und der Verleger Ricordi ziehen das Werk noch
        in der gleichen Nacht zurück. Nach geringfügigen Umar-
        beitungen und nun in drei (statt zwei) Akte geteilt,
        kommt »Madame Butterfly« am 28. Mai im Teatro
        Grande von Brescia wieder heraus und erringt nun, nur
        14 Wochen nach dem Debakel von Mailand, einen voll-
        ständigen Triumph, der sich sehr schnell über die Welt
        verbreitet.

1905   In Buenos Aires stürmisch gefeiert, erlebt Puccini dort
        gleichzeitige Aufführungen von fünf seiner Opern
        (»Edgar«, »Manon Lescaut«, »La Bohème«, »Tosca«,
        »Madame Butterfly«) unter der glänzenden Leitung sei-

ner Freunde Leopoldo Mugnone und Arturo Toscanini. Eine lange Suche nach geeigneten Stoffen für neue Opern beginnt. Reise nach London, wo Puccini Freundschaft mit dem ihm seit Jahren bekannten Tenor Enrico Caruso sowie mit der feinsinnigen Bankiersgattin Sybil Seligman schließt, die zu seiner vertrauten Brieffreundin wird.

1906 Puccini hört an der Metropolitan Oper in New York mehrere seiner Opern und arbeitet persönlich mit manchem der damals weltbesten Sänger. Es kommt zu ersten Gesprächen mit David Belasco, dem Urheber der »Butterfly«, über dessen Drama »The girl of the Golden West« (»Das Mädchen aus dem Goldenen Westen«), das Puccini als Sujet für eine nächste Oper in Aussicht nehmen will.

1907 Nach langer Zusammenarbeit, die ebenso von beglückenden gemeinsamen Erfolgen wie von lautstarken Zerwürfnissen gezeichnet war, trennen Puccini und sein Textdichter Luigi Illica (»Manon Lescaut«, »La Bohème«, »Tosca«, »Madame Butterfly«) sich endgültig.

1908 Puccinis selten ganz problemloses Privatleben wird durch den Selbstmord einer jungen Hausangestellten, Doria Manfredi, schwer getrübt, die durch die grundlose Eifersucht von Puccinis Gattin Elvira in den Tod getrieben wurde. Das schon vorher unerfreulich gewordene Eheleben erfährt dadurch einen nicht mehr gutzumachenden Bruch.

1910 Puccini schifft sich im November neuerlich nach New York ein und wohnt dort am 10. November der glanzvollen Uraufführung seiner Oper »La Fanciulla del West« (»Das Mädchen aus dem Goldenen Westen«) bei. Unter Leitung von Arturo Toscanini sang Emmy Destinn die Titelpartie.

1911 Erste Aufführungen der »Fanciulla del West« in Europa: London (29. Mai), Rom (12. Juni), später Wien mit Maria Jeritza in der Titelrolle, einer der besten Puccini-Darstellerinnen aller Zeiten.

1912 Tod des großen Mailänder Verlegers Giulio Ricordi, der Puccinis Laufbahn wie ein väterlicher Freund aufgebaut

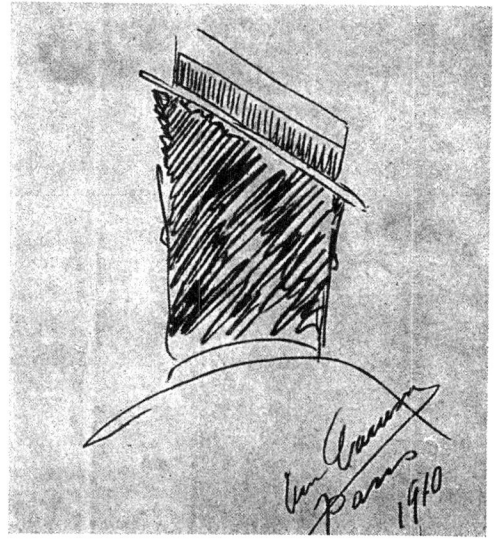

Karikatur Puccinis von Enrico Caruso, 1910

hatte. Sein Sohn Tito übernimmt das Haus, der zu Puccini ein weit weniger herzliches Verhältnis hat. Tod von Puccinis Lieblingsschwester Ramelde. Beginn des (wahrscheinlich letzten) Liebesverhältnisses Puccinis, der daran denkt, in Viareggio mit der deutschen Baronin Josephine von Stängel zusammenzuziehen. Ein Pamphlet mit schweren Angriffen gegen Puccinis Musik erscheint, verfaßt von Fausto Torrefranca. Die schon fast verzweifelte Suche nach einem neuen Textbuch geht weiter.

1913 Das Carltheater in Wien, wo Puccini zu einer Aufführung seiner »Tosca« mit Maria Jeritza weilt, bietet ihm einen günstigen Vertrag zur Komposition einer Operette an. Puccini beginnt die Komposition von »La Rondine« (Die Schwalbe).

1915 Der Eintritt Italiens in den Ersten Weltkrieg auf seiten der Alliierten stellt einer Uraufführung der »Schwalbe«

Giacomo Puccini mit Tito Ricordi jun.

in Wien unlösbare Hindernisse entgegen. Puccini denkt immer ernsthafter daran, drei Opern-Einakter zu komponieren und zu einem Theaterabend zu vereinen. Er beginnt mit der Komposition des ersten, des »Tabarro« (»Der Mantel«).

1917 Puccini vollendet das zweite dieser Stücke, »Suor Angelica« (»Schwester Angelica«) und beginnt das dritte, »Gianni Schicchi«. Uraufführung der vom Wiener Theater freigegebenen »Rondine« (»Schwalbe«) im Theater von Monte Carlo am 27. März.

1918 Uraufführung des »Trittico« (»Triptychon«), des Zyklus der drei Einakter »Il Tabarro«, »Suor Angelica«, »Gianni Schicchi« in Abwesenheit des Komponisten am 14. Dezember in der New Yorker Metropolitan Oper. Unter der musikalischen Leitung von Roberto Moranzini ernten Claudia Muzio, Geraldine Farrar, Giuseppe de Luca u. a. stärksten Erfolg.

1919 Puccini ist bei der italienischen Premiere des Triptychon am 1. Januar in Rom anwesend und verbeugt sich ungezählte Male unter dem Jubel des Publikums. Presse und

Kenner zeigen sich differenzierter: Sie lehnen »Suor Angelica« überwiegend, »Il Tabarro« teilweise ab, sind sich aber über die Meisterschaft des »Gianni Schicchi« einig.

1920 Erstaufführungen des »Trittico« in Wien und London, zwei der puccinibegeistertsten Städte Europas. Arges Zerwürfnis mit dem alten Freund Toscanini, der das Werk deswegen nicht wie vorgesehen in London dirigiert. Puccini entschließt sich zur Vertonung von Carlo Gozzis »Turandot«. Ein sich seit langem ankündigendes Kehlkopfleiden verschlechtert sich und erschwert Puccinis Arbeit.

1922 Tod von Puccinis Schwester Iginia, die Nonne gewesen und vom Komponisten während der Arbeit an der im Kloster spielenden »Suor Angelica« um Rat gefragt worden war.
Aussöhnung mit Toscanini.

1923 Galavorstellung der »Manon Lescaut« an der Mailänder Scala unter Leitung Toscaninis zum dreißigjährigen Jubiläum dieser Durchbruchsoper Puccinis. »Puccini-Festtage« auch in Wien.
Schwere Arbeit an »Turandot«, die nicht mehr ganz beendet werden kann.

1924 Puccinis Gesundheitszustand hat sich unaufhörlich verschlechtert. Als letzte Rettung wird die Operation durch einen Kehlkopfchirurgen in Brüssel angeraten. Dorthin reist Puccini mit seinem Sohn am 4. November. Starke Bestrahlungen scheinen den Verlauf der Krankheit aufzuhalten, aber es kommt zum qualvollen Rückfall und zur Operation, die nur noch ergibt, daß der Krebs schon viel zu weit vorgeschritten ist. Puccini stirbt in der Brüsseler Klinik am 29. November um 11.30 vormittags. Eindrucksvoller Trauerzug durch Brüssel am 1. Dezember, riesige Begräbnisfeierlichkeiten in Mailand am 3. Dezember, vorläufige Beisetzung in der Familiengruft der Toscaninis.

1926 Am 25. April dirigiert Arturo Toscanini in der Mailänder Scala die von der gesamten Musikwelt mit höchster Spannung erwartete Uraufführung der »Turandot«, die inzwischen von Franco Alfano aus Puccinis Skizzen voll-

Das Mausoleum in Puccinis Villa, in Torre del Lago

endet worden ist. Der Dirigent legt an der Stelle, da
Puccinis Arbeit beendet werden mußte, den Stab nieder
und spricht mit tränenerstickter Stimme zum Publikum
die Worte, die der Komponist ihm selbst angegeben
hatte: »Hier endet das Werk des Maestro...«, worauf
das Publikum noch lange ergriffen und in tiefem Schweigen auf seinen Plätzen verharrt. Am nächsten Abend,
dem 26. April, wurde die gesamte Oper bis zum Ende
gespielt und mit größter Begeisterung aufgenommen.
Am 29. November wird Puccinis Leiche aus Mailand in
seine Villa von Torre del Lago überführt.

Die Opern Puccinis

1. *Le Villi:* 2 Akte (ursprünglich in einem Akt), Libretto von Ferdinando Fontana, nach einer deutschen Legende.

   Uraufführung am *31. Mai 1884* im Teatro Dal Verme, *Mailand*.
   Wilhelm Wolf (Bariton) . . . . Erminio Pelz
   Anna (Sopran) . . . . Rosina Caponetti
   Robert (Tenor) . . . . Antonio d'Andrade
   Dirigent: Giacomo Panizza.

2. *Edgar:* 3 Akte, Libretto von Ferdinando Fontana, nach Alfred de Musset.

   Uraufführung am *21. April 1889* im Teatro La Scala, *Mailand*.
   Edgar (Tenor) . . . . Gregorio Gabrielesco
   Gualterio (Baß) . . . . Pio Marini
   Frank (Bariton) . . . . Antonio Magini Coleti
   Fidelia (Sopran) . . . . Aurelia Cattaneo
   Tigrana (Mezzosopran) . . . . . . Romilda Pantaleoni
   Dirigent: Franco Faccio.

3. *Manon Lescaut:* 4 Akte, Libretto vom Komponisten, unter Mitarbeit von Domenico Oliva, Marco Praga, Luigi Illica, Giuseppe Giacosa und Giulio Ricordi, nach dem gleichnamigen Roman des Abbé Prévost.

   Uraufführung am *1. Februar 1893* im Teatro Regio, *Turin*.
   Manon (Sopran) . . . . Cesira Ferrani
   Des Grieux (Tenor) . . . . Giuseppe Cremonini
   Lescaut (Bariton) . . . . Achille Moro
   Geronte (Baß) . . . . Alessandro Polonini
   Dirigent: Arturo Toscanini.

4. *La Bohème:* 4 Akte, Libretto von Luigi Illica und Giuseppe Giacosa, nach dem Roman »La vie de Bohème« bzw. dem gleichnamigen Theaterstück, beide von Henri Murger.

Uraufführung am *1. Februar 1896* im Teatro Regio, *Turin.*
Mimi (Sopran) . . . . Cesira Ferrani
Musette (Sopran) . . . . Camilla Pasini
Rodolfo (Tenor) . . . . Evan Gorga
Marcello (Bariton) . . . . Tieste Wilmant
Schaunard (Bariton) . . . . Antonio Pini-Corsi
Colline (Baß) . . . . Michele Mazzara
Dirigent: Arturo Toscanini.

5. *Tosca*: 3 Akte, Libretto von Luigi Illica und Giuseppe
   Giacosa, nach dem gleichnamigen Drama von Victorien
   Sardou.

   Uraufführung am *14. Januar 1900* im Teatro Costanzi,
   Rom.
   Tosca (Sopran) . . . . Hariclée Darclée
   Mario Cavaradossi (Tenor) . . . . . . Emilio de Marchi
   Scarpia (Bariton) . . . . Eugenio Giraldoni
   Dirigent: Leopoldo Mugnone.

6. *Madama Butterfly*: 2 Akte, Libretto von Luigi Illica und
   Giuseppe Giacosa, nach der gleichnamigen Erzählung von
   John Luther Long und dem daraus entwickelten Drama
   von David Belasco.

   Uraufführung am *17. Februar 1904* im Teatro La Scala,
   Mailand.
   Madame Butterfly (Sopran) . . . . . . Rosina Storchio
   Suzuki (Mezzosopran) . . . . . . Giuseppina Giaconia
   Pinkerton (Tenor) . . . . Giovanni Zenatello
   Sharpless (Bariton) . . . . Giuseppe de Luca
   Dirigent: Cleofonte Campanini.
   Neue Fassung in drei Akten, Uraufführung am *28. Mai
   1904* im Teatro Grande, *Brescia.* In der Titelrolle Salomea
   Kruceniski; als Suzuki Giannina Lucacewska, als Sharpless
   Virgilio Bellatti, ansonsten gleiche Besetzung.

7. *La Fanciulla del West (Das Mädchen aus dem Goldenen Westen)*: 3 Akte, Libretto von Guelfo Civinini und Carlo Zangarini, nach dem Drama »The Girl of the Golden West« von David Belasco.

Uraufführung am *10. Dezember 1910* in der Metropolitan Opera, *New York*.
Minnie (Sopran) . . . . Emmy Destinn
Dick Johnson oder Ramirez
(Tenor) . . . . Enrico Caruso
Jack Rance (Bariton) . . . . Pasquale Amato
Dirigent: Arturo Toscanini.

8. *La Rondine*: Operette in 3 Akten, Libretto von Giuseppe Adami, nach einem Entwurf von A. M. Willner und H. Reichert.

Uraufführung am *27. März 1917* im Hoftheater von *Monte Carlo*.
Magda (Sopran) . . . . Gilda dalla Rizza
Ruggero (Tenor) . . . . Tito Schipa
Dirigent: Gino Marinuzzi.

9. *Trittico (Triptychon)*: Uraufführung am *14. Dezember 1918* in der Metropolitan Opera, *New York*.

a) *Il Tabarro (Der Mantel):* Ein Akt, Libretto von Giuseppe Adami, nach dem Drama »La Houpelande« von Didier Gold.
Michele (Bariton) . . . . Luigi Montesanto
Giorgetta (Sopran) . . . . Claudia Muzio
Luigi (Tenor) . . . . Giulio Crimi
b) *Suor Angelica (Schwester Angelica)*: Ein Akt, Libretto von Gioacchino Forzano.
Suor Angelica (Sopran) . . . . Geraldine Farrar
c) *Gianni Schicchi*: Ein Akt, Libretto von Gioacchino Forzano.
Gianni Schicchi (Baß-Bariton) . . . . Giuseppe de Luca
Lauretta (Sopran) . . . . Florence Easton
Dirigent aller drei Werke: Roberto Moranzoni.

10. *Turandot*: 3 Akte, Libretto von Giuseppe Adami und Renato Simoni, nach einem Märchen von Carlo Gozzi. Unvollendet vom Komponisten bei seinem Tode hinterlassen, ergänzt von Franco Alfano.

Uraufführung am *25. April 1926* im Teatro La Scala, *Mailand*.

Turandot (Sopran) . . . . Rosa Raisa
Kalaf (Tenor) . . . . Miguel Fleta
Liu (Sopran) . . . . Maria Zamboni
Dirigent: Arturo Toscanini.